頻出度順

漢字検定問題集 5級

成美堂出版

本書の見方と使い方

1 POINT 頻出度(よく出る)順だから勉強しやすい！

本書では、これまでの試験問題20年分(約250回分)を集計し、出題回数に応じて、A～Cのランクに分けて出題しています。試験によく出る順に学習できるので、短時間で効率的に学習できます。

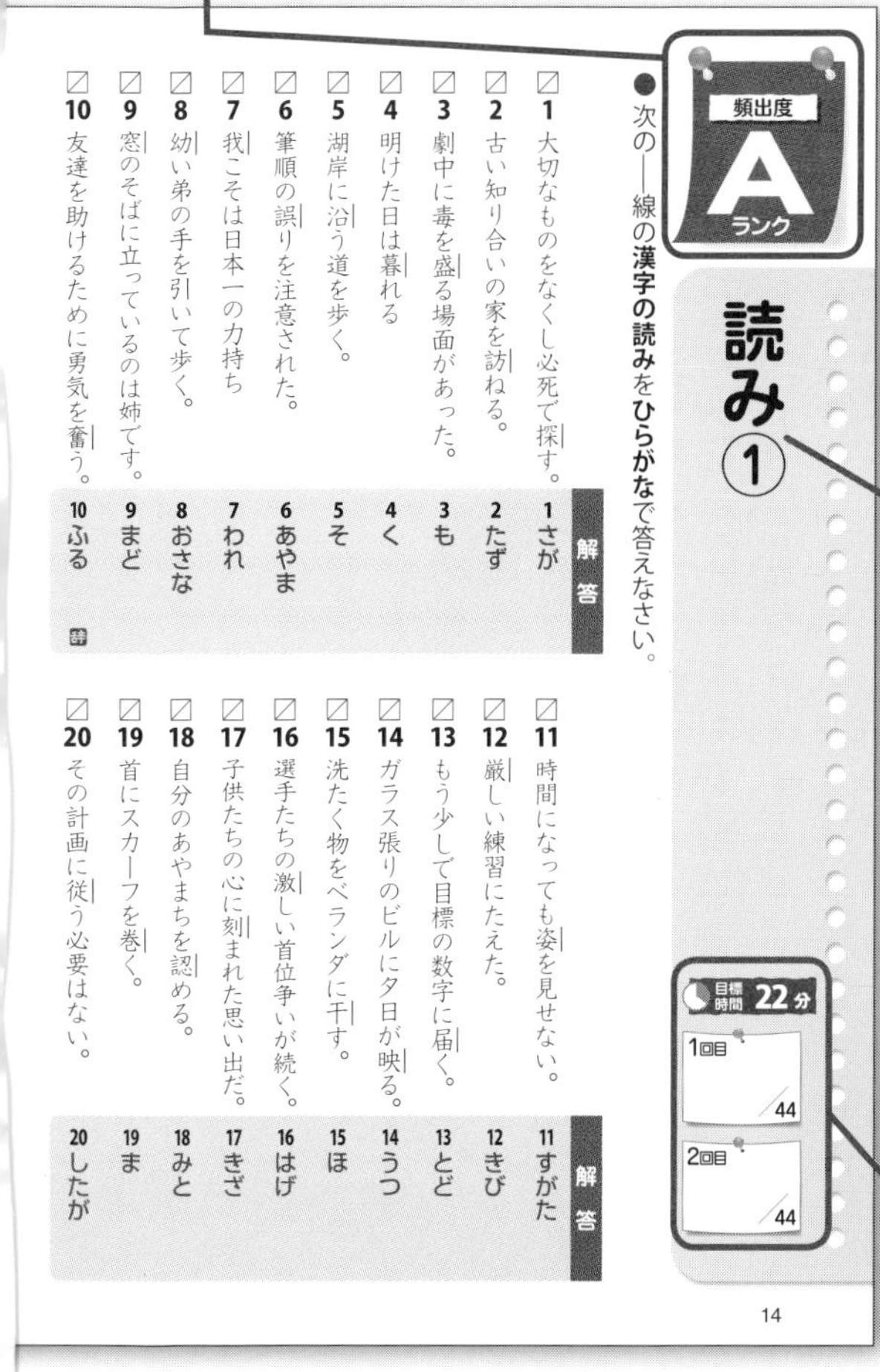

頻出度
A
ランク
読み①
● 次の――線の漢字の読みをひらがなで答えなさい。
1 大切なものをなくし必死で探す。
2 古い知り合いの家を訪ねる。
3 劇中に毒を盛る場面があった。
4 明けた日は暮れる
5 湖岸に沿う道を歩く。
6 筆順の誤りを注意された。
7 我こそは日本一の力持ち
8 幼い弟の手を引いて歩く。
9 窓のそばに立っているのは姉です。
10 友達を助けるために勇気を奮う。
解答
1 さが 2 たず 3 も 4 く 5 そ 6 あやま 7 われ 8 おさな 9 まど 10 ふる
11 時間になっても姿を見せない。
12 厳しい練習にたえた。
13 もう少しで目標の数字に届く。
14 ガラス張りのビルに夕日が映る。
15 洗たく物をベランダに干す。
16 選手たちの激しい首位争いが続く。
17 子供たちの心に刻まれた思い出だ。
18 自分のあやまちを認める。
19 首にスカーフを巻く。
20 その計画に従う必要はない。
解答
11 すがた 12 きび 13 とど 14 うつ 15 ほ 16 はげ 17 きざ 18 みと 19 ま 20 したが
目標時間 22分
1回目 /44
2回目 /44
14

Aランク
これまでに最も出題されているもの。

Bランク
これまでの試験でよく出題されているもの。

Cランク
それほど多く出題されていないが、満点をめざすなら学習しておきたいもの。

出題分野
漢字検定５級では11の分野に分かれています。

目標時間と自己採点記入欄
実際の試験時間(60分)から換算した目標時間です。

5 POINT 別冊「漢字検定５級合格ブック」で配当漢字を完全マスター！

漢字検定
5級
合格ブック
暗記に役立つ！

「5級配当漢字表」をはじめ、「重要な熟字訓・当て字」「試験に出る四字の熟語の問題」など役立つ資料をコンパクトにまとめました。持ち運びに便利なので、別冊だけ持ち歩いて、いつでもどこでも暗記ができます。赤シートにも対応しています。

POINT 2 赤シートで答えなどをかくせるからスピーディにチェックできる!

答えを赤シートでかくしながら解いていけばいいので、何度でも気軽に問題を解くことができます。

チェックボックス

まちがえた問題をチェックできるので、くり返し勉強できます。

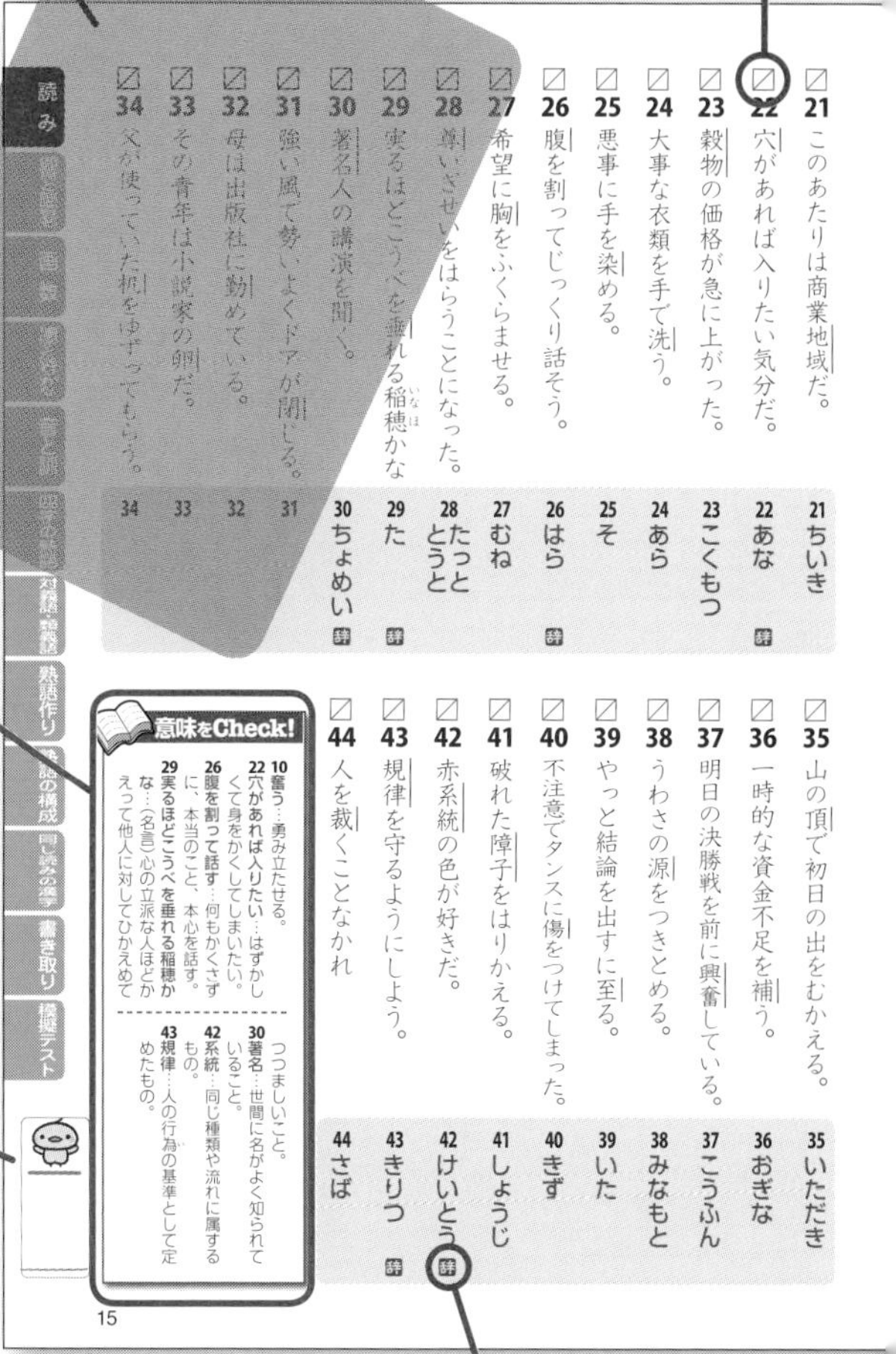

21 このあたりは商業地域だ。
22 穴があれば入りたい気分だ。
23 穀物の価格が急に上がった。
24 大事な衣類を手で洗う。
25 悪事に手を染める。
26 腹を割ってじっくり話そう。
27 希望に胸をふくらませる。
28 尊いぎせいをはらうことになった。
29 実るほどこうべを垂れる稲穂かな
30 著名人の講演を聞く。
31 強い風で勢いよくドアが閉じる。
32 母は出版社に勤めている。
33 その青年は小説家の卵だ。
34 父が使っていた机をゆずってもらう。

21 ちいき　22 あな　23 こくもつ　24 あら　25 そ　26 はら　27 むね　28 たっとう/とうと　29 た　30 ちょめい

35 山の頂で初日の出をむかえる。
36 一時的な資金不足を補う。
37 明日の決勝戦を前に興奮している。
38 うわさの源をつきとめる。
39 やっと結論を出すに至る。
40 不注意でタンスに傷をつけてしまった。
41 破れた障子をはりかえる。
42 赤系統の色が好きだ。
43 規律を守るようにしよう。
44 人を裁くことなかれ

35 いただき　36 おぎな　37 こうふん　38 みなもと　39 いた　40 きず　41 しょうじ　42 けいとう　43 きりつ　44 さば

意味をCheck!
10 奮う…勇み立たせる。
22 穴があれば入りたい…はずかしくて身をかくしてしまいたい。
26 腹を割って話す…何もかくさずに、本当のこと、本心を話す。
29 実るほどこうべを垂れる稲穂かな…(名言)心の立派な人ほどかえって他人に対してひかえめでつつましいこと。
30 著名…世間に名がよく知られていること。
42 系統…同じ種類や流れに属するもの。
43 規律…人の行為の基準として定めたもの。

15

POINT 3 辞書いらずのていねいな解説!

辞書をひきたくなるようなむずかしい言葉には、意味を書いてあります。四字の熟語もすべて意味が入っているので、辞書を引く手間が省けて、勉強がはかどります。

ひよこのパラパラマンガ

つかれたときにめくってみてください。

辞書のアイコン

この問題の解答または文中の語句について、「意味をCheck!」欄で意味を説明しています。

POINT 4 仕上げに使える模擬テスト4回分収録!

本試験とそっくりの形式の模擬テストを4回分用意してあります。実際の試験の60分間で解いて、自分で採点してみましょう。

本書の特長

試験にでやすい漢字を分析

漢字検定5級では、5級配当漢字の191字を含めた**小学校6年間で習う漢字1026字が出題範囲**になります。

とはいえ、この字がすべて出題されるわけではありません。

下の表を見てください。この表は、漢字検定の過去問題20年分(約250回分)の試験で実際に出題された問題を分析した結果です。**出題範囲が決まっているので、特定の漢字が何度も出題されます。**

たとえば、読みの問題では「探す」が80回も出題されている一方、「仮装」は1回しか出題されていません。部首の問題では、「盟」と「捨」はどちらも5級配当漢字ですが、「盟」が40回出題されているのに対し、「捨」の出題は1回のみです。

過去問題20年分で出題の多い問題

出題分野	出題例(出題回数)
読み	探す(80回)盛る(63回) 訪ねる(58回)
部首と部首名	盟(40回)署(36回) 層・熱(33回)
画数	我(34回)閣(32回) 陛(29回)
漢字と送りがな	幼い(67回)危ない(58回) 激しい・捨てる(55回)
音と訓	派手(57回)灰皿(36回) 番組(34回)
四字の熟語	学習意欲(32回) 実力発揮(32回)
対義語・類義語	通常⇔臨時(58回) 進歩＝発展(56回)
熟語作り	否定(29回)拡張(27回) 度胸(25回)
熟語の構成	取捨(49回) 公私・勤務(43回)
同じ読みの漢字	近視(63回)—至急(26回) 映る(47回)—移す(34回)
書き取り	巻く・姿(72回) 盛る(71回)

頻出度順だから効率的に学習できる

分析結果からA、B、Cランクに分類

本書では、この結果をもとにして、出題回数が多い順に**Aランク**(最頻出問題)、**Bランク**(必修問題)、**Cランク**(満点問題)の3つのランクに分類して問題を掲載しています。

A ランク 最頻出問題。過去に**何度も繰り返し出題された問題**で、これからも出題されやすい「**試験によく出る問題**」です。覚えておけば得点源になり、短期間での合格も可能です。

B ランク 必修問題。比較的よく出る問題で、覚えておけば確実に合格することにつながります。

C ランク 満点問題。出題頻度はそれほど高くありませんが、満点をめざすならば覚えておきたい問題です。

5級配当漢字の中で、出題分野によっては出題されたことのない漢字もあります。本書は頻出度順のため、そのような漢字を覚えなくてもよいようになっています。

漢字検定5級 受検ガイド

実施は年3回、だれでも受けられる

漢字検定は、年齢、性別、国籍を問わず、だれでも受検できます。

受検方法には、公開会場での個人の受検、準会場での団体受検、コンピューターを使って試験を受けるCBT受検があります。

試験に関する問合せ先

公益財団法人
日本漢字能力検定協会
【ホームページ】https://www.kanken.or.jp/
＜本部＞
京都市東山区祇園町南側551番地
TEL：(075)757－8600
FAX：(075)532－1110
＜東京事務局＞
東京都千代田区大手町2-1-1 大手町野村ビル
TEL：(03)5205－0333
FAX：(03)5205－0331

漢字検定の概要（個人受検の場合）

試験実施	**年3回** ①6月中の日曜日 ②10～11月中の日曜日 ③翌年1～2月中の日曜日
試験会場	全国と海外の主要都市
受検料	2000円(5級)
申込方法	①インターネットもしくは携帯電話から専用フォームで申し込みを行い、クレジットカードやコンビニエンスストアで決済を行う ②取扱書店(大学生協含む)で検定料を支払い、願書や書店払込証書、領収書などを受けとる。願書と書店払込証書を専用封筒で漢検協会に郵送する ③指定のコンビニエンスストアに設置された端末機で申し込みを行い、レジにて検定料を支払う ④取扱書店(大学生協含む)で願書を入手し、願書に検定料を添えて取扱機関(新聞社など)へ申し込む
申込期間	検定日の約3か月前から1か月前まで
試験時間	**60分** 開始時間の異なる級をえらべば2つ以上の級を受検することもできる
合格基準	**200点**満点で正答率**70%**程度(**140**点程度)以上が合格の目安
合格の通知	合格者には合格証書、合格証明書、検定結果通知が、不合格者には検定結果通知が郵送される

※本書の情報は制作時点のものです。受検をお考えの方は、ご自身で(公財)日本漢字検定能力協会の発表する最新情報をご確認ください。

各級のレベルと出題内容

級	レベル（対象漢字数）	程度	主な出題内容										合格基準	検定時間
準1	大学・一般程度（約3000字）	常用漢字を含めて、約3000字の漢字の音・訓を理解し、文章の中で適切に使える。	漢字の読み	漢字の書取	故事・諺	対義語・類義語	同音・同訓異字	誤字訂正	四字熟語				200点満点中80%程度	各60分
2	高校卒業・大学・一般程度（2136字）	すべての常用漢字を理解し、文章の中で適切に使える。	漢字の読み	漢字の書取	部首・部首名	送り仮名	対義語・類義語	同音・同訓異字	誤字訂正	四字熟語	熟語の構成			
準2	高校在学程度（1951字）	常用漢字のうち1951字を理解し、文章の中で適切に使える。	漢字の読み	漢字の書取	部首・部首名	送り仮名	対義語・類義語	同音・同訓異字	誤字訂正	四字熟語	熟語の構成		200点満点中70%程度	
3	中学卒業程度（1623字）	常用漢字のうち約1600字を理解し、文章の中で適切に使える。	漢字の読み	漢字の書取	部首・部首名	送り仮名	対義語・類義語	同音・同訓異字	誤字訂正	四字熟語	熟語の構成			
4	中学校在学程度（1339字）	常用漢字のうち約1300字を理解し、文章の中で適切に使える。	漢字の読み	漢字の書取	部首・部首名	送り仮名	対義語・類義語	同音・同訓異字	誤字訂正	四字熟語	熟語の構成			
5	小学校６年生修了程度（1026字）	小学校６年生までの学習漢字を理解し、文章の中で漢字が果たしている役割に対する知識を身に付け、漢字を文章の中で適切に使える。	漢字の読み	漢字の書取	部首・部首名	筆順・画数	送り仮名	対義語・類義語	同音・同訓異字	誤字訂正	四字の熟語	熟語の構成		

※1級、６級以下は省略

漢字検定５級の審査基準

程度	小学校６年生までの学習漢字を理解し、文章の中で漢字が果たしている役割に対する知識を身に付け、漢字を文章の中で適切に使える。	
領域・内容	**[読むことと書くこと]** 小学校学年別漢字配当表の６年生までの学習漢字を読み、書くことができる。	●音読みと訓読みとを正しく理解していること。 ●送り仮名や仮名遣いに注意して正しく書けること。 ●熟語の構成を知っていること。 ●対義語、類義語を正しく理解していること。 ●同音・同訓異字を正しく理解していること。
	[四字熟語] 四字熟語を理解している（有名無実、郷土芸能　など）。	
	[筆　順] 筆順、総画数を正しく理解している。	
	[部　首] 部首を理解し、識別できる。	

※本書は出題が予想される形式で構成しています。実際の試験は、（公財）日本漢字能力検定協会の審査基準の変更の有無にかかわらず、出題形式や問題数が変更されることもあります。

2020年度からの試験制度変更について

平成29年改訂の小学校学習指導要領が2020年度から全面実施されたことに伴い、漢字検定でも一部の漢字の配当級が変更になりました。５級では、７級配当漢字だった「胃」「腸」の２字と、６級配当漢字だった「恩」「券」など９字が７級配当漢字に加わっています。一方、５級配当漢字だった「城」が７級配当漢字に変更され、配当漢字から外れています。本書ではこの試験制度変更を踏まえて、配当級が変更となった漢字の出題頻度を予想した上で、A・B・Cの各ランクに予想問題として掲載しています。

【出題分野別】学習のポイント

読み

配点●1問1点×20問＝20点（総得点の10%）
ほとんどの問題に5級配当漢字が使われています。音読み・訓読みの出題は、半々くらいです。

❶5級配当漢字をマスターする

短文中の漢字の読み方を答える問題です。全部で20問あり、そのほとんどすべてに5級配当漢字が使われています。

音読み・訓読みの問題は、半々程度の割合で出題されます。

過去問題20年分では、次の問題が多く出題されています。

- 探す（さが）
- 訪ねる（たず）
- 盛る（も）
- 地域（ちいき）
- 穀物（こくもつ）

❷熟字訓・当て字

5級までに学ぶ熟字訓・当て字はいくつかありますが（別冊の15ページ参照）、5級の試験ではほとんど出題されていません。

部首と部首名

配点●1問1点×10問＝10点（総得点の5%）
ほとんどの問題が5級配当漢字からの出題です。

●5級配当漢字を暗記しよう

示された漢字の部首と部首名を答える問題です。

ほとんどの問題が、5級配当漢字から出題されています。

過去問題20年分では

- 盟（皿）（さら）
- 署（罒）（あみがしら・あみめ・よこめ）
- 熱（灬）（れんが・れっか）
- 創（刂）（りっとう）

などがよく出題されています。

部首・部首名とも、実際には後ろの選択肢（たくし）から選ぶ形になっています。

部首の形がまぎらわしいものなど、5級配当漢字を中心に、しっかり学習しておきましょう。

画数

配点●1問1点×10問＝10点（総得点の5％）
ほとんどの問題が5級配当漢字からの出題です。

●出題されやすい筆順・総画数がある

5級では、5つの漢字について、その筆順（何画目）と総画数が問われます。

5級配当漢字からの出題がほとんどですが、なかでもまぎらわしいものが出題されやすいので、筆順・画数は正しく覚えておきましょう。

過去問題20年分では

	何画目	総画数
●我	（3画目）	（7画）
●党	（1画目）	（10画）
●脳	（8画目）	（11画）

などがよく出題されています。

漢字と送りがな

配点●1問2点×5問＝10点（総得点の5％）
ほとんどの問題が5級配当漢字です。とくに送りがなの長いものはよく出題されます。

●5級の訓読みをおさらいしよう

短文中のカタカナ部分を、漢字と送りがなになおす問題です。ほとんどが5級配当漢字からの出題なので、しっかりと訓読みをおさらいしておきましょう。

過去問題20年分では

- **オサナイ**（幼い）
- **ハゲシイ**（激しい）
- **アブナイ**（危ない）

などがよく出題されています。

文字数の長いものなどは、どこからが送りがなになるのか覚えにくいものもあるので、正しく覚えておくことが大切です。

音と訓

配点●1問2点×10問＝20点（総得点の10％）
約7割が5級配当漢字を使った二字熟語で、3割に下級の漢字が使われています。

●まぎらわしいものに注意を

二字熟語につけられたふりがなが、それぞれ音読みか訓読みかを考え、その組み合わせを答える問題です。

過去問題20年分では、

ア 音と音　イ 音と訓　ウ 訓と訓　エ 訓と音

- 派手（ハで）（**イ**）
- 灰皿（はいざら）（**ウ**）

などがよく出題されています。ほかにも、「**番組**（バンぐみ）（**イ**）」や「**骨身**（ほねみ）（**ウ**）」など、まちがいやすいものはとくにしっかり覚えておきましょう。

四字の熟語

配点●1問2点×10問＝20点(総得点の10%)
解答となる漢字の9割に5級配当漢字が、1割に下級の漢字が使われています。

●意味を知ることが大切

漢字四文字の熟語のうち、カタカナで示された1文字を漢字に直す問題です。解答となる漢字は、ほぼ5級配当漢字ですが、1割程度下級の漢字が使われることがあります。

過去問題20年分では

- **学習意ヨク**(欲)
- **実力発キ**(揮)

などがよく出題されています。

多くは「**学習**＋**意欲**」のような二字熟語の組み合わせですが、「**一心不乱**」のように典拠(てんきょ)(確かなよりどころ)のあるものも出題されるので、意味を知っておくことが大切です。

対義語・類義語

配点●1問2点×10問＝20点(総得点の10%)
解答となる漢字のほとんどが5級配当漢字からの出題です。

●わからない言葉はすぐに調べよう

対義語(反対の意味の言葉)5問と、類義語(似た意味の言葉)5問が出題されます。解答となる漢字のほとんどが5級配当漢字です。

過去問題20年分では

対義語

- **通常⇔**(**臨**)**時**
- **水平⇔**(**垂**)**直**

類義語

- **進歩―発**(**展**)
- **広告―**(**宣**)**伝**

などがよく出題されています。

漢字の読み方だけでなく、言葉の意味もきちんと知っていないと、対義語・類義語は答えられません。意味のわからない言葉に出合ったら、すぐに辞書を調べましょう。

熟語作り

配点●1問2点×5問＝10点(総得点の5%)
二字熟語のうちの1文字には、5級配当漢字が使われている。

●二字熟語の意味を理解する

示された文章を読み、その文章の意味に合う二字熟語を考えて、後ろの選択肢(し)の中から漢字二字を選ぶ問題です。二字熟語のうち、少なくとも1文字は5級配当漢字ですが、組み合わせる漢字には、下級の漢字も使われています。

過去問題20年分では

- **広げて大きくすること**(**拡・張**)
- **そうでないと打ち消すこと**(**否・定**)

などがよく出題されています。

熟語の理解度が問われる問題なので、意味をしっかりつかんでおくことが大切です。

熟語の構成

配点●1問2点×10問＝20点（総得点の10%）

およそ8割の熟語に5級配当漢字が使われています。残りの2割は下級の漢字を使った熟語が出題されます。

●漢字の関係を答える問題

熟語の上下の漢字が、どのような関係で結びついているのかを次の4つのなかから選ぶ問題です（【 】内はよく出題されるもの）。

ア 反対や対（つい）になる意味の字を組み合わせたもの。**【取捨】**

イ 同じような意味の字を組み合わせたもの。**【勤務】**

ウ 上の字が下の字の意味を説明（修飾（しょく））しているもの。**【牛乳】**

エ 下の字から上の字に返って読むと意味がよくわかるもの。**【養蚕】**

ア～エの見分け方のコツは、別冊36、37ページを参照して下さい。

同じ読みの漢字

配点●1問2点×10問＝20点（総得点の10%）

解答となる漢字の6割程度が5級配当漢字で、下級の漢字も4割程度出題されます。

●5級配当漢字の音読みが出題

2問1組で、5組の問題が出題されます。それぞれ同じ読みのちがう漢字を答えるもので、6割程度が5級配当漢字です。

過去問題20年分では

● 用事が**ス**む（済）
　東京に**ス**む（住）

● 近**シ**のため眼鏡をかける（視）
　シ急の用事があった（至）

などがよく出題されています。

5組のうちの4組が音読みです。訓読みは1組程度で、「**備える・供える**」「**映す・写す**」など、出題されるものはほぼ決まっています。

書き取り

配点●1問2点×20問＝40点（総得点の20%）

ほとんどの問題が5級配当漢字からの出題です。音読み・訓読みの出題は、半々くらいです。

❶出題は5級配当漢字が中心

書き取りも、5級配当漢字からの出題がほとんどですが、音読み・訓読みの出題は半々くらいです。得意・不得意をつくらないように、しっかり学習しましょう。

● **スガタ**が見えない（姿）

● ピアノを**エンソウ**する（演奏）

などがよく出題されています。

❷漢字を正しく書く

せっかく漢字を覚えていても、乱暴な字を書いて×になったら、もったいない話です。ていねいに、正しい文字を書くよう心がけましょう。

もくじ

本書は、
●[頻出度順]問題集(A、B、Cランク)
●模擬テスト
●[別冊]漢字検定5級合格ブック
で構成されています。

本書は2020年10月現在の情報に基づいています。

［頻出度順］問題集

パラパラマンガです。
息ぬきしたいときにめくってね。
ジャンプして板に乗るよ。

頻出度 A ランク

最頻出問題

過去の試験で最も出題されているもの。

頻出度 B ランク

必修問題

過去の試験でよく出題されているもの。

頻出度 C ランク

満点問題

出題頻度はそれほど多くないが
満点をめざすなら学習しておきたいもの。

頻出度

A ランク

読み①

目標時間 22分

1回目 ／44

2回目 ／44

●次の——線の**漢字の読み**を**ひらがな**で答えなさい。

1 大切なものをなくし必死で探す。

2 古い知り合いの家を訪ねる。

3 劇中に毒を盛る場面があった。

4 明けた日は暮れる

5 湖岸に沿う道を歩く。

6 筆順の誤りを注意された。

7 我こそは日本一の力持ち

8 幼い弟の手を引いて歩く。

9 窓のそばに立っているのは姉です。

10 友達を助けるために勇気を奮う。

解答

1 さが
2 たず
3 も
4 く
5 そ
6 あやま
7 われ
8 おさな
9 まど
10 ふる 辞

11 時間になっても姿を見せない。

12 厳しい練習にたえた。

13 もう少しで目標の数字に届く。

14 ガラス張りのビルに夕日が映る。

15 洗たく物をベランダに干す。

16 選手たちの激しい首位争いが続く。

17 子供たちの心に刻まれた思い出だ。

18 自分のあやまちを認める。

19 首にスカーフを巻く。

20 その計画に従う必要はない。

解答

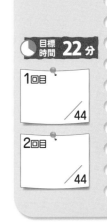

11 すがた
12 きび
13 とど
14 うつ
15 ほ
16 はげ
17 きざ
18 みと
19 ま
20 したが

☐ 21 このあたりは商業地域だ。
☐ 22 穴があれば入りたい気分だ。
☐ 23 穀物の価格が急に上がった。
☐ 24 大事な衣類を手で洗う。
☐ 25 悪事に手を染める。
☐ 26 腹を割ってじっくり話そう。
☐ 27 希望に胸をふくらませる。
☐ 28 尊いぎせいをはらうことになった。
☐ 29 実るほどこうべを垂れる稲穂（いなほ）かな
☐ 30 著名人の講演を聞く。
☐ 31 強い風で勢いよくドアが閉じる。
☐ 32 母は出版社に勤めている。
☐ 33 その青年は小説家の卵だ。
☐ 34 父が使っていた机をゆずってもらう。

21 ちいき
22 あな 辞
23 こくもつ
24 あら
25 そ
26 はら 辞
27 むね
28 たっと とうと
29 た 辞
30 ちょめい 辞
31 と
32 つと
33 たまご
34 つくえ

☐ 35 山の頂で初日の出をむかえる。
☐ 36 一時的な資金不足を補う。
☐ 37 明日の決勝戦を前に興奮している。
☐ 38 うわさの源をつきとめる。
☐ 39 やっと結論を出すに至る。
☐ 40 不注意でタンスに傷をつけてしまった。
☐ 41 破れた障子をはりかえる。
☐ 42 赤系統の色が好きだ。
☐ 43 規律を守るようにしよう。
☐ 44 人を裁くことなかれ

35 いただき
36 おぎな
37 こうふん
38 みなもと
39 いた
40 きず
41 しょうじ
42 けいとう 辞
43 きりつ 辞
44 さば

意味をCheck!

10 奮う…勇み立たせる。
22 穴があれば入りたい…はずかしくて身をかくしてしまいたい。
26 腹を割って話す…何もかくさずに、本当のこと、本心を話す。
29 実るほどこうべを垂れる稲穂かな…（名言）心の立派な人ほどかえって他人に対してひかえめでつつましいこと。

30 著名…世間に名がよく知られていること。
42 系統…同じ種類や流れに属するもの。
43 規律…人の行為（い）の基準として定めたもの。

頻出度 A ランク

読み ②

● 次の――線の**漢字の読み**を**ひらがな**で答えなさい。

目標時間 22分

1回目 /44

2回目 /44

1 テレビの音量をリモコンで操作する。

2 一度痛い目にあわないとわからない。

3 開店前から人が並ぶ人気店だ。

4 たき火にあたると暖かい。

5 歴代将軍の貴重な資料を展示する。

6 春雨（はるさめ）や降るともしらず牛の目に

7 みんなでリコーダーを演奏する。

8 簡潔なことばで事実を伝える。

9 その人は射るような目で見つめた。

10 食べられないものを取り除く。

解答

1 そうさ
2 いた 辞
3 なら
4 あたた
5 きちょう
6 ふ 辞
7 えんそう
8 かんけつ 辞
9 い
10 のぞ

11 あさりが潮をふく。

12 海外で日本のマンガが人気を呼ぶ。

13 事件の模様をくわしく話す。

14 家族で神社へ行き手をあわせて拝む。

15 音がもれないように防音装置をつける。

16 学校で蚕を育てている。

17 もらった風船がだんだん縮む。

18 大学の創設者の銅像がある。

19 新しい市役所の庁舎は八階建てだ。

20 訳も聞かずにしかってはいけない。

解答

11 しお
12 よ
13 もよう
14 おが
15 そうち
16 かいこ
17 ちぢ
18 そうせつ
19 ちょうしゃ 辞
20 わけ

21 絹ごしどうふのほうが好きだ。
22 今後のビジネスの拡張に期待する。
23 各国の首脳が一堂に会する。
24 アジア諸国が日本の動向を見守る。
25 神だなにお札を納める。
26 グループ内の足並みが乱れる。
27 人助けをして株が上がった。
28 父の遺産を相続する。
29 日本人のじゅ命が延びる。
30 合唱で歌う歌詞をおぼえる。
31 時がたつのを忘れるほど楽しかった。
32 異なる国の人たちが集まる。
33 外の空気を吸うと気分がなおった。
34 俳句は海外でも親しまれている。

21 きぬ
22 かくちょう 辞
23 しゅのう 辞
24 しょこく
25 おさ
26 みだ
27 かぶ
28 いさん
29 の
30 かし
31 わす
32 こと
33 す
34 はいく 辞

35 裏庭の小さな畑で野菜を作る。
36 年長者を敬う気持ちを持つ。
37 望みを捨てることなく努力する。
38 イギリスで蒸気機関が発明された。
39 その生徒の話は筋が通っている。
40 仏教は世界三大宗教の一つだ。
41 たくさんの泉が池や川を作り出す。
42 市が無料の法律相談を行っている。
43 イタリアの路地裏を散歩する。
44 道ばたの地蔵に手をあわせる。

35 うらにわ
36 うやま 辞
37 す
38 じょうき
39 すじ
40 しゅうきょう
41 いずみ
42 ほうりつ
43 うら
44 じぞう

意味をCheck!

2 **痛い目にあう**…つらい思いをさせられる。
6 **春雨や降るともしらず牛の目に**…春の雨のせん細な様子をよんだ、小西来山の俳句。
8 **簡潔**…短くよくまとまっている様子。
19 **庁舎**…国や市町村の仕事をする役所の建物。
22 **拡張**…広げて大きくすること。
23 **首脳**…政府や団体などのリーダー、中心的人物。
34 **俳句**…五・七・五の十七音であらわす短い詩。
36 **敬う**…相手を立派だと思い、礼義正しくする。

頻出度 A ランク

読み③

目標時間 22分

1回目 ／44

2回目 ／44

● 次の――線の**漢字の読み**を**ひらがな**で答えなさい。

1 時代にあった制度に改革する。
2 降りる駅をまちがえた。
3 きょうりゅうの骨が発見された。
4 無理なことをたのまれて困る。
5 多くの観光資源を有する都市である。
6 樹液のまわりにカブトムシが集まる。
7 カメレオンが長い舌を出した。
8 各時代の資料を所蔵している。
9 遠足で大仏を拝観する。
10 晩秋の日光を満きつする。

解答

1 かいかく 辞
2 お
3 ほね
4 こま
5 しげん
6 じゅえき
7 した
8 しょぞう
9 はいかん 辞
10 ばんしゅう 辞

11 フロントに荷物を預ける。
12 流域の住民に防災地図を配る。
13 兄は言葉も行動も誠実だ。
14 背に腹はかえられない
15 多くの人から恩を受けた。
16 正直は一生の宝
17 会社によって航空運賃は異なる。
18 故人の好きだった食べ物を供える。
19 中腹の山小屋で一泊する。
20 優勝目指して練習に熱が入る。

解答

11 あず
12 りゅういき 辞
13 せいじつ
14 せ 辞
15 おん 辞
16 たから
17 うんちん
18 そな
19 ちゅうふく
20 ゆうしょう

☐ 21 街路樹にケヤキを植える。
☐ 22 木の実が赤く熟す。
☐ 23 観衆がスタジアムにつめかける。
☐ 24 久しぶりに郷里に帰る。
☐ 25 同級生の作品が展示される。
☐ 26 朝のうちにそうじを済ます。
☐ 27 憲法は国の最高法規である。
☐ 28 新しい内閣の顔ぶれが発表された。
☐ 29 戦国武将ゆかりの地をめぐる。
☐ 30 年末年始は臨時列車が走る。
☐ 31 フルートの独奏会を聞きにいく。
☐ 32 最後に勝利を収めるのは私たちだ。
☐ 33 親が創立した会社で働く。
☐ 34 オリンピックの聖火が日本に到着した。

21 がいろじゅ
22 じゅく
23 かんしゅう
24 きょうり
25 てんじ
26 す
27 けんぽう
28 ないかく
29 ぶしょう
30 りんじ
31 どくそう
32 おさ
33 そうりつ
34 せいか

☐ 35 おいしそうなにおいに食欲がそそられる。
☐ 36 樹氷を見ながらスキーを楽しむ。
☐ 37 集金したお札の枚数をたしかめる。
☐ 38 夕日で町が真っ赤に染まる。
☐ 39 母は針仕事が得意だ。
☐ 40 さわやかな潮風が窓からふきこむ。
☐ 41 あの人はいつもするどい批評をする。
☐ 42 パソコンにデータを保存する。
☐ 43 長い歴史に幕を閉じる。
☐ 44 環境問題について討論する。

35 しょくよく
36 じゅひょう
37 まいすう
38 そ
39 はり
40 しおかぜ
41 ひひょう 辞
42 ほぞん
43 まく
44 とうろん 辞

意味をCheck!

1 改革…改めてよりよいものにすること。
9 拝観…つつしんで拝ませていただく気持ちで見ること。
10 晩秋…秋の終わりごろ。
12 流域…川の流れに沿った地域。
14 背に腹はかえられない…さしせまった問題のためには、他の不都合を考えるゆとりがない。
15 恩…人から受ける恵み、ありがたい行為のこと。
41 批評…物事のよい悪いを見分け、意見を述べること。
44 討論…ある議題について、意見を出し合って議論をたたかわせること。

頻出度 A ランク

部首と部首名①

目標時間 11分

1回目 /22

2回目 /22

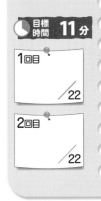

● 次の1 2のそれぞれについて、漢字の**部首**を上の□の中の「あ〜さ」から、**部首名**を下の□の中の「ア〜サ」から選び、**記号**で答えなさい。

1

	1	2	3	4	5	6	7
漢字	盟	署	層	熟	庁	恩	敵
部首							
部首名							

解答

	1	2	3	4	5	6	7
部首	あ	さ	え	き	く	け	お
部首名	コ	ク	ア	ケ	エ	サ	キ

2

	12	13	14	15	16	17	18
漢字	創	陛	座	憲	蒸	預	裁
部首							
部首名							

解答

	12	13	14	15	16	17	18
部首	え	さ	く	い	け	か	き
部首名	オ	ク	コ	キ	イ	カ	ウ

	8	9	10	11
	困	閣	簡	劇
部首	□	□	□	□
部首名	□	□	□	□

あ 皿　い 刂　う 門　え 尸　お 攵　か 口　き 灬
く 广　け 心　こ ⺮　さ 罒

ア かばね　しかばね
イ くにがまえ
ウ たけかんむり
エ まだれ
オ もんがまえ
カ りっとう
キ のぶん　ぼくづくり
ク あみがしら　あみめ　よこめ
ケ れんが　れっか
コ さら
サ こころ

	8	9	10	11
部首	か	う	こ	い
部首名	イ	オ	ウ	カ

	19	20	21	22
	盛	敬	窓	肺
部首	□	□	□	□
部首名	□	□	□	□

あ 皿　い 心　う 攵　え 刂　お 穴　か 頁　き 衣
く 广　け 艹　こ 月　さ 阝

ア あなかんむり
イ くさかんむり
ウ こころ
エ にくづき
オ りっとう
カ おおがい
キ こころ
ク こざとへん
ケ さら
コ まだれ
サ のぶん　ぼくづくり

	19	20	21	22
部首	あ	う	お	こ
部首名	ケ	サ	ア	エ

頻出度 A ランク

部首と部首名②

目標時間 11分

1回目 /22

2回目 /22

●次の**1** **2**のそれぞれについて、漢字の**部首**を上の□の中の「あ〜さ」から、**部首名**を下の□の中の「ア〜サ」から選び、**記号**で答えなさい。

1

	漢字	部首	部首名
1	聖		
2	痛		
3	勤		
4	宗		
5	誕		
6	我		
7	染		

解答

	1	2	3	4	5	6	7
部首	え	き	か	け	こ	お	く
部首名	カ	オ	ク	サ	イ	ケ	キ

2

	漢字	部首	部首名
12	幕		
13	忘		
14	郵		
15	誌		
16	賃		
17	届		
18	枚		

解答

	12	13	14	15	16	17	18
部首	お	か	こ	さ	い	け	く
部首名	エ	サ	ア	キ	オ	ク	ケ

	8	9	10	11
	蔵	郷	割	筋
部首	□	□	□	□
部首名	□	□	□	□

あ 阝　く 木
い ⺮　け 宀
う 艹　こ 言
え 耳　さ 刂
お 戈
か 力
き 疒

ア たけかんむり
イ ごんべん
ウ おおざと
エ りっとう
オ やまいだれ
カ みみ
キ き
ク ちから
ケ ほこづくり　ほこがまえ
コ くさかんむり
サ うかんむり

	8	9	10	11
部首	う	あ	さ	い
部首名	コ	ウ	エ	ア

	19	20	21	22
	刻	臓	冊	宣
部首	□	□	□	□
部首名	□	□	□	□

あ 月　く 木
い 貝　け 尸
う 宀　こ 阝
え 刂　さ 言
お 巾
か 心
き 冂

ア おおざと
イ にくづき
ウ どうがまえ　けいがまえ　まきがまえ
エ はば
オ かい　こがい
カ りっとう
キ ごんべん
ク かばね　しかばね
ケ きへん
コ うかんむり
サ こころ

	19	20	21	22
部首	え	あ	き	う
部首名	カ	イ	ウ	コ

頻出度 A ランク

画数①

目標時間 14分

1回目 ／28

2回目 ／28

● 次の漢字の**赤色の画**のところは**筆順の何画目**か、また**総画数は何画**か、**算用数字**（1、2、3…）で答えなさい。

	漢字	何画目	総画数
1	銭	（　）	［　］
2	承	（　）	［　］
3	党	（　）	［　］
4	脳	（　）	［　］
5	染	（　）	［　］
6	誕	（　）	［　］

解答

	何画目	総画数
1	12	14
2	6	8
3	1	10
4	8	11
5	4	9
6	9	15

	漢字	何画目	総画数
7	我	（　）	［　］
8	訪	（　）	［　］
9	否	（　）	［　］
10	宙	（　）	［　］
11	皇	（　）	［　］
12	郵	（　）	［　］

解答

	何画目	総画数
7	3	7
8	10	11
9	3	7
10	6	8
11	7	9
12	7	11

	13	14	15	16	17	18	19	20
	憲	冊	処	蒸	俳	骨	純	灰
何画目	（　）	（　）	（　）	（　）	（　）	（　）	（　）	（　）
総画数	［　］	［　］	［　］	［　］	［　］	［　］	［　］	［　］

	13	14	15	16	17	18	19	20
何画目	5	3	4	6	3	4	8	5
総画数	16	5	5	13	10	10	10	6

	21	22	23	24	25	26	27	28
	系	推	閣	衆	片	陛	批	将
何画目	（　）	（　）	（　）	（　）	（　）	（　）	（　）	（　）
総画数	［　］	［　］	［　］	［　］	［　］	［　］	［　］	［　］

	21	22	23	24	25	26	27	28
何画目	5	8	2	8	3	6	6	3
総画数	7	11	14	12	4	10	7	10

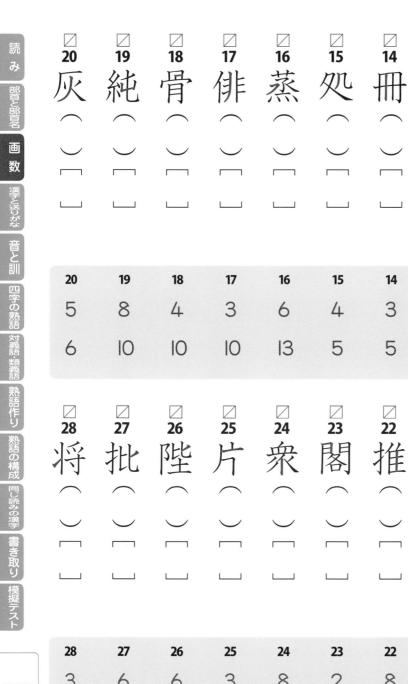

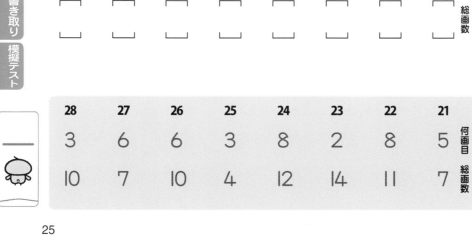

頻出度
A
ランク

画数②

目標時間 14分

1回目 ／28

2回目 ／28

次の漢字の**赤色の画**のところは**筆順の何画目**か、また**総画数は何画**か、**算用数字**（1、2、3…）で答えなさい。

	漢字	何画目	総画数
1	臨	（　）	［　］
2	遺	（　）	［　］
3	孝	（　）	［　］
4	若	（　）	［　］
5	垂	（　）	［　］
6	派	（　）	［　］

解答

	何画目	総画数
1	2	18
2	4	15
3	4	7
4	5	8
5	6	8
6	6	9

	漢字	何画目	総画数
7	誤	（　）	［　］
8	俳	（　）	［　］
9	善	（　）	［　］
10	吸	（　）	［　］
11	后	（　）	［　］
12	裁	（　）	［　］

解答

	何画目	総画数
7	12	14
8	7	10
9	6	12
10	4	6
11	3	6
12	10	12

	13	14	15	16	17	18	19	20
	奮	権	純	班	訳	郷	乳	覧
何画目	（　）	（　）	（　）	（　）	（　）	（　）	（　）	（　）
総画数	［　］	［　］	［　］	［　］	［　］	［　］	［　］	［　］

	13	14	15	16	17	18	19	20
何画目	8	9	7	8	8	4	7	2
総画数	16	15	10	10	11	11	8	17

	21	22	23	24	25	26	27	28
	聖	糖	陛	看	詞	射	皇	革
何画目	（　）	（　）	（　）	（　）	（　）	（　）	（　）	（　）
総画数	［　］	［　］	［　］	［　］	［　］	［　］	［　］	［　］

	21	22	23	24	25	26	27	28
何画目	11	13	3	4	9	6	8	3
総画数	13	16	10	9	12	10	9	9

頻出度 A ランク

漢字と送りがな①

目標時間 13分

1回目 /26

2回目 /26

● 次の——線のカタカナの部分を漢字一字と送りがな（ひらがな）になおしなさい。

〈例〉問題の答えをカンガエル。 考える

1 オサナイころを思い出す。

2 アブナイ道では遊ばない。

3 古い衣類をステル。

4 庭いっぱいに花が咲き（さ）ミダレル。

5 昨夜はハゲシイ雨が降った。

6 標識にシタガッて運転する。

7 かさを持って出るのをワスレル。

解答

1 幼い 辞
2 危ない
3 捨てる
4 乱れる 辞
5 激しい
6 従っ
7 忘れる

8 大地が夕日で赤くソマル。

9 キビシイ暑さで体がまいる。

10 ムズカシイ問題を解く。

11 先進国に肩（かた）をナラベル。

12 意見が二つにワレル。

13 時をキザム時計を見つめる。

14 のき先からしずくがタレル。

解答

8 染まる 辞
9 厳しい 辞
10 難しい
11 並べる
12 割れる
13 刻む 辞
14 垂れる

□ **15** 神だなに水を**ソナエル**。

□ **16** お年寄りを**ウヤマウ**。

□ **17** **イタイ**ところをつかれる。

□ **18** 布を赤く**ソメル**。

□ **19** 本当かどうか**ウタガウ**。

□ **20** 受付で手荷物を**アズケル**。

15 供える 辞
16 敬う 辞
17 痛い
18 染める 辞
19 疑う
20 預ける 辞

□ **21** 努力して欠点を**オギナウ**。

□ **22** マラソンのタイムを**チヂメル**。

□ **23** あっという間に日が**クレル**。

□ **24** 手を合わせて**オガム**。

□ **25** 静かに本を**トジル**。

□ **26** 同級生のけんかを**サバク**。

21 補う 辞
22 縮める
23 暮れる 辞
24 拝む 辞
25 閉じる 辞
26 裁く 辞

意味をCheck!

1 幼い…幼少であどけないこと。子供っぽい。

4 咲き乱れる…花がたくさん咲くこと。また、入り混じって咲くこと。

8 染まる…色がしみこむ。その色になる。影響を受ける。

9 厳しい…気象条件が並はずれて激しいこと。非常に厳格で少しのゆるみも許されないこと。困難が多く、たいへんな状態。

13 刻む…細かく区切るように進んでいくこと。

15 供える…神や仏に差し上げる。

16 敬う…相手を立派だと思い、礼儀正しくする。

18 染める…染料などを使って色や模様をつけること。光などが当たり、色を変えるときにも使う。ある色にする。

20 預ける…人に頼んで、ものや人を守ってもらったり、世話をしてもらったりすること。ものごとの処理を人にまかせること。

21 補う…不足しているところに足す。十分な状態にする。

23 暮れる…太陽が沈んであたりが暗くなること。また、季節や年月、時間などが終わりに近づくことにも使われる。「明ける」の対義語。

24 拝む…手のひらを合わせて、神仏などに祈ること。「見る」の謙譲語。ひたすらお願いすること。

25 閉じる…開けてあったものや開いていたものが閉まること。両端が合わさった状態をいう。ふさがる。また、続いていた物事が終わりになることにも使う。

26 裁く…善悪（正しいこととまちがっていること）や理非（道徳にあっていることとはずれていること）を明らかにすること。また、手を使ってものを思いのままに扱うことにも用いる。

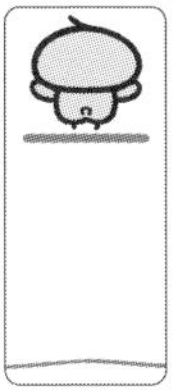

頻出度

A

ランク

音と訓①

● 漢字の読みには**音**と**訓**があります。次の**熟語の読み**は□の中のどの組み合わせになっていますか。ア～エの**記号**で答えなさい。

ア 音と音　**イ** 音と訓　**ウ** 訓と訓　**エ** 訓と音

□ 1 派手

□ 2 灰皿

□ 3 筋道

□ 4 番組

□ 5 砂地

□ 6 試合

□ 7 裏作

□ 8 節穴

□ 9 傷口

□ 10 絹製

解答と解説

1 イ 辞 派手（はで）
2 ウ 灰皿（はいざら）
3 ウ 辞 筋道（すじみち）
4 イ 番組（バンぐみ）
5 エ 砂地（すなジ）
6 イ 試合（シあい）
7 エ 辞 裏作（うらサク）
8 ウ 辞 節穴（ふしあな）
9 ウ 辞 傷口（きずぐち）
10 エ 絹製（きぬセイ）

□ 11 片道

□ 12 道順

□ 13 格安

□ 14 若気

□ 15 裏地

□ 16 温泉

□ 17 絹地

□ 18 磁石

□ 19 口紅

□ 20 巻物

解答と解説

11 ウ 辞 片道（かたみち）
12 エ 道順（みちジュン）
13 イ 辞 格安（カクやす）
14 エ 辞 若気（わかゲ）
15 エ 辞 裏地（うらジ）
16 ア 温泉（オンセン）
17 エ 辞 絹地（きぬジ）
18 ア 辞 磁石（ジシャク）
19 ウ 口紅（くちべに）
20 ウ 辞 巻物（まきもの）

目標時間 20分

1回目 ／40

2回目 ／40

21 職場
22 炭俵
23 針箱
24 生傷
25 台所
26 骨身
27 潮風
28 背中
29 役割
30 布地

21	イ	職場（ショクば）
22	ウ	炭俵（すみだわら）
23	ウ 辞	針箱（はりばこ）
24	ウ 辞	生傷（なまきず）
25	イ 辞	台所（ダイどころ）
26	ウ 辞	骨身（ほねみ）
27	ウ 辞	潮風（しおかぜ）
28	ウ	背中（せなか）
29	イ	役割（ヤクわり）
30	エ	布地（ぬのジ）

31 憲法
32 手配
33 宗教
34 縦糸
35 重箱
36 背骨
37 批評
38 団子
39 砂場
40 新型

31	ア 辞	憲法（ケンポウ）
32	エ 辞	手配（てハイ）
33	ア	宗教（シュウキョウ）
34	ウ	縦糸（たていと）
35	イ 辞	重箱（ジュウばこ）
36	ウ	背骨（せぼね）
37	ア 辞	批評（ヒヒョウ）
38	イ	団子（ダンご）
39	ウ	砂場（すなば）
40	イ	新型（シンがた）

意味をCheck!

1 派手…はなやかで人目につくさま。
3 筋道…物事がそうなっている理由。物事を行うときの正しい順序。
7 裏作…同じ田畑で一年間で主な作物ができた後に他の作物を作ること。また、その作物。
8 節穴…物をじゅうぶんに見ていない目のたとえ。

9 傷口…傷のできたところ。
11 片道…行きか帰り、どちらか一方。
13 格安…品質のわりに、値段が安いこと。
14 若気…若い人にありがちな、あとさきのことをよく考えない気持ち。
15 裏地…衣服の裏につける布。
17 絹地…絹織りの布。
18 磁石…鉄を引きつける性質を持つ物体。方位を測る器具。

20 巻物…細長い紙や布に字や絵をかいて、じくに巻きつけたもの。
23 針箱…ぬい物の道具を入れる箱。
24 生傷…負ったばかりの新しい傷。
25 台所…家庭で食事のしたくをするところ。
26 骨身…骨と肉。体。
27 潮風…海からふいてくる、塩けをふくんだ風。

31 憲法…国を治めるための大もとのきまり。
32 手配…あらかじめ必要な物や人を準備すること。
35 重箱…食べ物を入れて積み重ねることのできる箱。
37 批評…物事のよい悪いを見分け意見をのべること。

頻出度 **A** ランク

音と訓②

● 漢字の読みには**音**と**訓**があります。次の**熟語の読み**は□の中のどの組み合わせになっていますか。ア〜エの**記号**で答えなさい。

ア 音と音	**イ** 音と訓	**ウ** 訓と訓	**エ** 訓と音

□ 1 裏庭

□ 2 看護

□ 3 札束

□ 4 遺産

□ 5 回覧

□ 6 割引

□ 7 官庁

□ 8 窓口

□ 9 残高

□ 10 手順

解答と解説

1 ウ 裏庭（うらにわ）
2 ア 辞 看護（カンゴ）
3 イ 辞 札束（サツたば）
4 ア 辞 遺産（イサン）
5 ア 辞 回覧（カイラン）
6 ウ 辞 割引（わりびき）
7 ア 辞 官庁（カンチョウ）
8 ウ 辞 窓口（まどぐち）
9 イ 辞 残高（ザンだか）
10 エ 手順（てジュン）

□ 11 布製

□ 12 味方

□ 13 幕内

□ 14 係員

□ 15 仕事

□ 16 手帳

□ 17 新顔

□ 18 相棒

□ 19 探検

□ 20 湯気

解答と解説

11 エ 布製（ぬのセイ）
12 イ 味方（ミかた）
13 イ 辞 幕内（マクうち）
14 エ 係員（かかりイン）
15 イ 仕事（シごと）
16 エ 手帳（てチョウ）
17 イ 辞 新顔（シンがお）
18 エ 辞 相棒（あいボウ）
19 ア 辞 探検（タンケン）
20 エ 辞 湯気（ゆゲ）

目標時間 20分

1回目 ／40

2回目 ／40

☐21 裏山
☐22 沿岸
☐23 巻紙
☐24 手製
☐25 創造

☐26 米俵
☐27 若葉
☐28 石段
☐29 係長
☐30 舌先

21 ウ 裏山（うらやま）
22 ア 辞 沿岸（エンガン）
23 ウ 辞 巻紙（まきがみ）
24 エ 手製（テセイ）
25 ア 辞 創造（ソウゾウ）
26 ウ 米俵（こめだわら）
27 ウ 辞 若葉（わかば）
28 エ 石段（いしダン）
29 エ 係長（かかりチョウ）
30 ウ 舌先（したさき）

☐31 夕刊
☐32 起源
☐33 砂山
☐34 若者
☐35 針金

☐36 茶柱
☐37 穴場
☐38 図星
☐39 道筋
☐40 組曲

31 エ 辞 夕刊（ゆうカン）
32 ア 辞 起源（キゲン）
33 ウ 砂山（すなやま）
34 ウ 若者（わかもの）
35 ウ 針金（はりがね）
36 イ 辞 茶柱（チャばしら）
37 ウ 穴場（あなば）
38 イ 図星（ズぼし）
39 ウ 道筋（みちすじ）
40 エ 辞 組曲（くみキョク）

意味をCheck!

2 看護…病人の世話をすること。
3 札束…紙のお金を束ねたもの。
4 遺産…死んだ人が残した財産。
5 回覧…つぎつぎに見てまわすこと。順番にまわして見ること。
6 割引…一定の価格から、何割かの金額を引くこと。
7 官庁…国家の事務を取り扱う（あつか）国家機関のこと。

8 窓口…外来者に直接対応し、書類などの受けわたしをするところ。
9 残高…収入から支出を引いた残りの金額。
13 幕内…すもうの番付の一つで、「幕の内」ともいう。
17 新顔…新しく仲間入りした人。
18 相棒…いっしょに物事をする相手。

19 探検…まだ人に知られていない土地へ実際に行き、調べること。
20 湯気…お湯などから立ちのぼる白いけむりのようなもの。
22 沿岸…海、湖、川などにそった土地や陸地に近い部分。
23 巻紙…毛筆で手紙を書くときに用いた横に長くつないで巻いた紙。
25 創造…初めて新しいものを作り出すこと。

27 若葉…出たばかりの新しい葉。
31 夕刊…毎日、夕方に発行する新聞。
32 起源…物事の起こり。始まり。
36 茶柱…湯のみについだお茶の中に、縦に浮かぶ茶のくき。
40 組曲…曲の形式の一つ。いくつかの曲を組み合わせて一つの曲にまとめたもの。

頻出度

A ランク

四字の熟語①

● 次の**カタカナ**を**漢字**になおし、**一字だけ**答えなさい。

☐ 1 学習意**ヨク**

☐ 2 直**シャ**日光

☐ 3 基本方**シン**

☐ 4 実力発**キ**

☐ 5 家庭**ホウ**問

☐ 6 負**タン**軽減

☐ 7 永久**ジ**石

☐ 8 一心不**ラン**

☐ 9 **エン**岸漁業

☐ 10 公**シュウ**道徳

☐ 11 平和**セン**言

☐ 12 世界**イ**産

目標時間 14分

1回目 ／28

2回目 ／28

解答と意味

1 **学習意欲**（がくしゅういよく） 進んで学ぼうとする気持ち。

2 **直射日光**（ちょくしゃにっこう） じかに照らす太陽の光。

3 **基本方針**（きほんほうしん） 大もととなる目指す方向。

4 **実力発揮**（じつりょくはっき） 本当に持っている力を十分に表すこと。

5 **家庭訪問**（かていほうもん） 学校の先生が生徒の家庭を訪ねること。

6 **負担軽減**（ふたんけいげん） 責任や仕事を減らすこと。

7 **永久磁石**（えいきゅうじしゃく） 磁力をいつまでも持ち続けている磁石。

8 **一心不乱**（いっしんふらん） わき目もふらず一つのことに集中している様子。

9 **沿岸漁業**（えんがんぎょぎょう） 海岸近くの海で行われる漁業。

10 **公衆道徳**（こうしゅうどうとく） おたがい迷わくをかけないために、守るべき事がら。

11 **平和宣言**（へいわせんげん） 平和のちかいを外部に表明すること。

12 **世界遺産**（せかいいさん） 昔の人がのこした価値のある遺せき・景観・自然など。

☐ 13 器楽合**ソウ**

☐ 14 **カク**張工事

☐ 15 技術**カク**新

☐ 16 高**ソウ**建築

☐ 17 大同小**イ**

☐ 18 半信半**ギ**

☐ 19 **スイ**理小説

☐ 20 **カブ**式会社

☐ 21 **イ**口同音

☐ 22 **ユウ**便配達

☐ 23 **リン**時列車

☐ 24 **キョウ**土芸能

☐ 25 災害対**サク**

☐ 26 **ショ**名運動

☐ 27 人口**ミツ**度

☐ 28 世**ロン**調査

13 器楽合奏（きがくがっそう）　楽器を使って、いっしょに演奏すること。

14 拡張工事（かくちょうこうじ）　広げて大きくする工事。

15 技術革新（ぎじゅつかくしん）　生産技術を大きく改めて新しくすること。

16 高層建築（こうそうけんちく）　階を重ねた高い建物。

17 大同小異（だいどうしょうい）　少しはちがっていても、だいたいは同じであること。

18 半信半疑（はんしんはんぎ）　半分は信じ、半分は疑っていること。

19 推理小説（すいりしょうせつ）　事件のなぞを推理する内容の小説。

20 株式会社（かぶしきがいしゃ）　多くの人が元手のお金を出し合い、仕事をする会社。

21 異口同音（いくどうおん）　多くの人が、口をそろえて同じことを言うこと。

22 郵便配達（ゆうびんはいたつ）　手紙や小づつみなどを配り届けること。

23 臨時列車（りんじれっしゃ）　必要に応じて通常の列車に加え臨時に運行する列車。

24 郷土芸能（きょうどげいのう）　その地方の感じがよく出ているおどりや音楽など。

25 災害対策（さいがいたいさく）　災害予防や災害への対応をするための方法。

26 署名運動（しょめいうんどう）　個人や団体が社会問題などに関する意見や主張について、多数の者から署名を集めること。

27 人口密度（じんこうみつど）　面積一平方キロメートルあたりの人の数。

28 世論調査（よろんちょうさ／せろんちょうさ）　人々の考えや意見を調べ、その動きを明らかにする調査。

頻出度 A ランク

四字の熟語②

目標時間 14分

1回目 /28

2回目 /28

●次の**カタカナ**を**漢字**になおし、**一字だけ**答えなさい。

☐ 1 応急**ショ**置

☐ 2 複雑**コッ**折

☐ 3 **リン**機応変

☐ 4 酸素**キュウ**入

☐ 5 月刊雑**シ**

☐ 6 永久保**ゾン**

☐ 7 **セン**門学校

☐ 8 学級日**シ**

☐ 9 大器**バン**成

☐ 10 政**トウ**政治

☐ 11 **ホ**足説明

☐ 12 無理**ナン**題

解答と意味

1 **応急処置**（おうきゅうしょち） 急病人やけが人に、とりあえずその場でしておく処置。

2 **複雑骨折**（ふくざつこっせつ） 体外に骨が出ている骨折。

3 **臨機応変**（りんきおうへん） そのときごとにいちばん合ったやり方をすること。

4 **酸素吸入**（さんそきゅうにゅう） 呼吸が苦しいときなどに、酸素を吸わせること。

5 **月刊雑誌**（げっかんざっし） 毎月一回発行する雑誌。

6 **永久保存**（えいきゅうほぞん） いつまでも大切にとっておくこと。

7 **専門学校**（せんもんがっこう） 専門的な技術などを教える学校。

8 **学級日誌**（がっきゅうにっし） 学級内の出来事や感想を書いておく日々の記録。

9 **大器晩成**（たいきばんせい） 才能のある人は、年をとってからりっぱになるということ。

10 **政党政治**（せいとうせいじ） 議席を多くとった政党が政権をとり運営する政治。

11 **補足説明**（ほそくせつめい） 足りないところをつけ加えて説明すること。

12 **無理難題**（むりなんだい） 実現できないような無理な要求。

☐ **13** 明**ロウ**快活

☐ **14** **ユウ**先順位

☐ **15** 予防注**シャ**

☐ **16** 文化**イ**産

☐ **17** **ゾウ**器移植

☐ **18** **カタ**側通行

☐ **19** 宇**チュウ**旅行

☐ **20** 器械体**ソウ**

☐ **21** 教育改**カク**

☐ **22** 公**シュウ**衛生

☐ **23** 四**シャ**五入

☐ **24** 私利私**ヨク**

☐ **25** 絶体絶**メイ**

☐ **26** 天然資**ゲン**

☐ **27** 自己負**タン**

☐ **28** 天変地**イ**

13 明朗快活（めいろうかいかつ） 明るく元気でほがらかな様子。

14 優先順位（ゆうせんじゅんい） いくつかの事がらのうち、どれを先にすべきかの順位。

15 予防注射（よぼうちゅうしゃ） でんせん病にかからないように、予防のために注射すること。

16 文化遺産（ぶんかいさん） 現代まで長期間、維持・継承されてきた文化・文化財のこと。

17 臓器移植（ぞうきいしょく） 働きを失った臓器を、ほかの場所や人から移植すること。

18 片側通行（かたがわつうこう） 道路の右側・左側の一方のみの通行。

19 宇宙旅行（うちゅうりょこう） 地球大気圏外のはてしなく広い空間へ旅をすること。

20 器械体操（きかいたいそう） とびばこ、鉄棒などの器械を使って行う体操。

21 教育改革（きょういくかいかく） 教育に関する制度などを大きく変えること。

22 公衆衛生（こうしゅうえいせい） 地域、学校、職場などで、人びとの健康を守ること。

23 四捨五入（ししゃごにゅう） 切り下げたり切り上げたりしておよその数にすること。

24 私利私欲（しりしよく） 自分の利益や欲求だけで行動すること。

25 絶体絶命（ぜったいぜつめい） 追いつめられて、とてものがれられないこと。

26 天然資源（てんねんしげん） 自然にできるもので、人間の生活に役立つもの。

27 自己負担（じこふたん） 自分自身で仕事を引き受けたりお金をはらうこと。

28 天変地異（てんぺんちい） 地しん、つなみ、こうずいなど、自然界の大きな異変。

頻出度 A ランク

対義語・類義語①

目標時間 11分

1回目 ／22

2回目 ／22

● 次の1 2それぞれの下の□の中のひらがなを漢字になおして、**対義語**（意味が反対や対になることば）と、**類義語**（意味がよくにたことば）を答えなさい。□の中のひらがなは**一度だけ**使い、**漢字一字**を答えなさい。

1 対義語

1 通常―□時
2 実物―□型
3 水平―□直
4 往復―□道
5 義務―□利

類義語

6 進歩―発□
7 広告―□伝
8 方法―手□
9 直前―□前
10 他界―死□

かた　けん　すい　すん　せん　だん　てん　ぼう　も　りん

解答

1 通常（つうじょう）―臨時（りんじ）辞
2 実物（じつぶつ）―模型（もけい）
3 水平（すいへい）―垂直（すいちょく）
4 往復（おうふく）―片道（かたみち）辞
5 義務（ぎむ）辞―権利（けんり）辞
6 進歩（しんぽ）―発展（はってん）
7 広告（こうこく）―宣伝（せんでん）辞
8 方法（ほうほう）―手段（しゅだん）
9 直前（ちょくぜん）―寸前（すんぜん）
10 他界（たかい）辞―死亡（しぼう）

2

対義語

☐ **11** 拡大―□小

☐ **12** 寒冷―温□

☐ **13** 冷静―興□

☐ **14** 地味―□手

☐ **15** 過去―□来

☐ **16** 外出―帰□

類義語

☐ **17** 有名―□名

☐ **18** 真心―□意

☐ **19** 給料―□金

☐ **20** 地区―地□

☐ **21** 後方―□後

☐ **22** 所得―□入

いき　しゅう　しゅく　しょう　せい　たく　だん　ちょ　ちん　は　はい　ふん

11 拡大（かくだい）―縮小（しゅくしょう）

12 寒冷（かんれい）―温暖（おんだん）

13 冷静（れいせい）―興奮（こうふん）辞

14 地味（じみ）―派手（はで）

15 過去（かこ）―将来（しょうらい）

16 外出（がいしゅつ）―帰宅（きたく）

17 有名（ゆうめい）―著名（ちょめい）辞

18 真心（まごころ）―誠意（せいい）辞

19 給料（きゅうりょう）―賃金（ちんぎん）

20 地区（ちく）―地域（ちいき）

21 後方（こうほう）―背後（はいご）

22 所得（しょとく）―収入（しゅうにゅう）

意味をCheck!

1 臨時…定期的なものでないこと。一時的であること。

4 片道…行きか帰り、どちらか一方。

5 義務…人が人として、あるいは立場上、当然しなければならないつとめ。

5 権利…物事を自分の意志によって自由に行ったり、人に要求したりできる能力や資格のこと。

7 宣伝…商品の効能や主義主張などを人々に説明し、広めたり理解を求めたりすること。

10 他界…「死ぬ」の遠回しな言い方。

13 興奮…感情が高ぶること。

17 著名…世間に名がよく知られていること。

18 真心…人のために尽くそうとする純粋（じゅんすい）な気持ちのこと。誠意。

頻出度
A
ランク

対義語・類義語②

目標時間 11分

1回目 /22

2回目 /22

● 次の **1** **2** それぞれの下の□の中のひらがなを漢字になおして、**対義語**（意味が反対や対になることば）と、**類義語**（意味がよくにたことば）を答えなさい。□の中のひらがなは**一度だけ**使い、**漢字一字**を答えなさい。

1 対義語

1 誕生―死□
2 快楽―苦□
3 延長―短□
4 整理―散□
5 河口―水□

2 類義語

6 快活―明□
7 始末―□理
8 自分―自□
9 未来―□来
10 助言―□告

げん　こ　しゅく　しょ　しょう　ちゅう　つう　ぼう　らん　ろう

解答

1 誕生（たんじょう）―死亡（しぼう）
2 快楽（かいらく）―苦痛（くつう）
3 延長（えんちょう）―短縮（たんしゅく）辞
4 整理（せいり）―散乱（さんらん）辞
5 河口（かこう）―水源（すいげん）
6 快活（かいかつ）辞―明朗（めいろう）辞
7 始末（しまつ）―処理（しょり）辞
8 自分（じぶん）―自己（じこ）辞
9 未来（みらい）―将来（しょうらい）
10 助言（じょげん）―忠告（ちゅうこく）辞

2 対義語

11 友好―□対
12 応答―質□
13 公開―秘□
14 容易―困□
15 複雑―単□
16 悪意―□意

類義語

17 加入―加□
18 作者―□者
19 役者―俳□
20 価格―□段
21 家屋―住□
22 同意―□知

ぎ　じゅん　しょう　ぜん　たく　ちょ　てき　なん　ね　みつ　ゆう　めい

11 友好(ゆうこう)―敵対(てきたい)
12 応答(おうとう)―質疑(しつぎ) 辞
13 公開(こうかい)―秘密(ひみつ)
14 容易(ようい)―困難(こんなん)
15 複雑(ふくざつ)―単純(たんじゅん)
16 悪意(あくい)―善意(ぜんい)
17 加入(かにゅう)―加盟(かめい)
18 作者(さくしゃ)―著者(ちょしゃ)
19 役者(やくしゃ)―俳優(はいゆう)
20 価格(かかく)―値段(ねだん)
21 家屋(かおく)―住宅(じゅうたく)
22 同意(どうい)―承知(しょうち) 辞

意味をCheck!

3 短縮…時間や距離を縮めてみじかくすること。
4 散乱…物が散らかり、乱れていること。
6 快活…明るく元気な様子。

6 明朗…明るくほがらかな様子。
7 処理…物事をさばいて始末すること。
8 自己…自分自身のこと。
10 忠告…まごころをもって相手に注意すること。

12 質疑…疑問の部分を問いただすこと。
22 承知…知っていること。依頼などを聞き入れること。

読み　部首と部首名　画数　漢字と送りがな　音と訓　四字の熟語　対義語・類義語　熟語作り　熟語の構成　同じ読みの漢字　書き取り　模擬テスト

頻出度 A ランク

熟語作り①

●次の**1**～**4**のそれぞれの後の□の中から漢字を選んで、次の意味にあてはまる**熟語**を作りなさい。答えは**記号**で答えなさい。

目標時間 11分

1回目 /22

2回目 /22

1

1 広げて大きくすること。

2 事実ではないと打ち消すこと。

3 集まりのなかま入りをすること。

4 短くまとまっているさま。

5 まじめでまごころがあること。

ア 潔	イ 否	ウ 拡	エ 盟	オ 加
カ 張	キ 定	ク 簡	ケ 誠	コ 実

解答

1 ウ・カ（拡張（かくちょう））
2 イ・キ（否定（ひてい））
3 オ・エ（加盟（かめい））
4 ク・ア（簡潔（かんけつ））
5 ケ・コ（誠実（せいじつ））

2

6 ものごとを恐（おそ）れない心。

7 ほしいと思う気持ち。

8 人の行いのもとになるきまり。

9 一つのことを一生けんめいにすること。

10 非常に大切なさま。

ア 念	イ 重	ウ 律	エ 望	オ 欲
カ 胸	キ 専	ク 貴	ケ 度	コ 規

解答

6 ケ・カ（度胸（どきょう））
7 オ・エ（欲望（よくぼう））
8 コ・ウ（規律（きりつ））
9 キ・ア（専念（せんねん））
10 ク・イ（貴重（きちょう））

3

☐ **11** 非常にいそぐこと。

☐ **12** 名前がよく知られているさま。

☐ **13** 一つのことをいくつかにわけて受け持つこと。

☐ **14** 気持ちがたかぶること。

☐ **15** 目で見わたせるはんい。

☐ **16** その役目につくこと。

ア 急	イ 分	ウ 奮	エ 任	オ 界	カ 就
キ 視	ク 著	ケ 興	コ 至	サ 担	シ 名

11 コ・ア（至急〔しきゅう〕）
12 ク・シ（著名〔ちょめい〕）
13 イ・サ（分担〔ぶんたん〕）
14 ケ・ウ（興奮〔こうふん〕）
15 キ・オ（視界〔しかい〕）
16 カ・エ（就任〔しゅうにん〕）

4

☐ **17** はなやかで人目につくさま。

☐ **18** 引き受けること。受け持つこと。

☐ **19** そのものの役立つ程度。

☐ **20** 病人の世話をすること。

☐ **21** 物事をさばいて、片付けること。

☐ **22** よく調べて考えること。

ア 値	イ 理	ウ 担	エ 討	オ 派	カ 手
キ 看	ク 護	ケ 処	コ 価	サ 検	シ 負

17 オ・カ（派手〔はで〕）
18 シ・ウ（負担〔ふたん〕）
19 コ・ア（価値〔かち〕）
20 キ・ク（看護〔かんご〕）
21 ケ・イ（処理〔しょり〕）
22 サ・エ（検討〔けんとう〕）

頻出度 A ランク

熟語作り②

目標時間 11分

1回目 /22

2回目 /22

● 次の1～4のそれぞれの後の□の中から漢字を選んで、次の意味にあてはまる**熟語**を作りなさい。答えは**記号**で答えなさい。

1

1 まごころをこめてつとめるさま。

2 自分の生まれ育った土地。

3 まちがった知らせ。

4 ほんの少しまえ。

5 不十分なところをつけたすこと。

ア 補	イ 前	ウ 里	エ 誤	オ 足
カ 寸	キ 忠	ク 実	ケ 郷	コ 報

解答

1 キ・ク（忠実）
2 ケ・ウ（郷里）
3 エ・コ（誤報）
4 カ・イ（寸前）
5 ア・オ（補足）

2

6 あらためてよりよいものにかえること。

7 成長がまだ十分でないこと。

8 気をつけるよう前もって注意すること。

9 さしずして、人を動かすこと。

10 新しいものを作り出すこと。

ア 警	イ 告	ウ 革	エ 熟	オ 未
カ 作	キ 創	ク 揮	ケ 改	コ 指

解答

6 ケ・ウ（改革）
7 オ・エ（未熟）
8 ア・イ（警告）
9 コ・ク（指揮）
10 キ・カ（創作）

3

☐ **11** 機械などをあやつり動かすこと。

☐ **12** 同じ学校でいっしょに学んだ者。

☐ **13** 人生の終わりに近い時期。

☐ **14** 人に見せず大切にしまっておくこと。

☐ **15** 細かくずたずたに切ること。

☐ **16** はたらく場所を見つけて仕事につくこと。

ア 操	イ 寸	ウ 年	エ 晩	オ 窓	カ 同
キ 断	ク 作	ケ 職	コ 蔵	サ 就	シ 秘

11 ア・ク（操作〔そうさ〕）
12 カ・オ（同窓〔どうそう〕）
13 エ・ウ（晩年〔ばんねん〕）
14 シ・コ（秘蔵〔ひぞう〕）
15 イ・キ（寸断〔すんだん〕）
16 サ・ケ（就職〔しゅうしょく〕）

4

☐ **17** 液体が気体になること。

☐ **18** 年をとった人をうやまい大切にすること。

☐ **19** 人間の頭ではわからないほどふしぎなこと。

☐ **20** おしはかってきめること。

☐ **21** とりのぞくこと。

☐ **22** 物事のよしあしを見分け意見をのべること。

ア 蒸	イ 秘	ウ 去	エ 評	オ 推	カ 定
キ 神	ク 批	ケ 発	コ 老	サ 敬	シ 除

17 ア・ケ（蒸発〔じょうはつ〕）
18 サ・コ（敬老〔けいろう〕）
19 キ・イ（神秘〔しんぴ〕）
20 オ・カ（推定〔すいてい〕）
21 シ・ウ（除去〔じょきょ〕）
22 ク・エ（批評〔ひひょう〕）

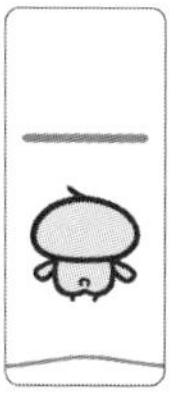

頻出度
A
ランク

熟語の構成①

目標時間 18分

1回目 ／36

2回目 ／36

●漢字を二字組み合わせた熟語では、二つの漢字の間に意味の上で、次のような関係があります。

ア 反対や対(つい)になる意味の字を組み合わせたもの。（例…高低）
イ 同じような意味の字を組み合わせたもの。（例…岩石）
ウ 上の字が下の字の意味を説明（修飾(しょく)）しているもの。（例…洋画）
エ 下の字から上の字へ返って読むと意味がよくわかるもの。（例…着席）

次の**熟語**は右の**ア～エ**のどれにあたるか、**記号**で答えなさい。

☐ 1 洗顔
☐ 2 乗降
☐ 3 縦横
☐ 4 公私
☐ 5 勤務
☐ 6 干満

解答と解説

1 エ（せんがん）
洗(う)⬆顔(を)

2 ア（じょうこう）
乗(る)⬍降(りる)

3 ア（じゅうおう）
縦⬍横

4 ア（こうし）
公(おおやけ)⬍私(わたくし、個人的)

5 イ（きんむ）
どちらも「つとめる」の意味。

6 ア（かんまん）
干(潮)⬍満(潮)「潮の満ち引き」

☐ 7 映写
☐ 8 紅白
☐ 9 善悪
☐ 10 困苦
☐ 11 樹木
☐ 12 除去

解答と解説

7 イ（えいしゃ）
どちらも「うつす」の意味。

8 ア（こうはく）
紅⬍白

9 ア（ぜんあく）
善(い)⬍悪(い)

10 イ（こんく）
どちらも「くるしむ」の意味。

11 イ（じゅもく）
どちらも「木」の意味。

12 イ（じょきょ）
どちらも「とりのぞく」の意味。

13 難易
14 敬老
15 善良
16 尊敬
17 養蚕
18 開閉
19 温暖
20 存在

13 ア（なんい）
難（しい）↕易（しい）

14 エ（けいろう）
敬（う）↑老（人を）

15 イ（ぜんりょう）
どちらも「よい」の意味。

16 イ（そんけい）
どちらも「うやまう」の意味。

17 エ（ようさん）
養（育てる）↑蚕（を）

18 ア（かいへい）
開（く）↕閉（まる）

19 イ（おんだん）
どちらも「あたたかい」の意味。

20 イ（そんざい）
どちらも「ある」の意味。

21 延期
22 観劇
23 自己
24 登頂
25 取捨
26 収納
27 牛乳
28 洗面

21 エ（えんき）
延（ばす）↑期（日を）

22 エ（かんげき）
観（る）↑劇（を）

23 イ（じこ）
どちらも「自分」の意味。

24 エ（とうちょう）
登（る）↑頂（上に）

25 ア（しゅしゃ）
取（る）↕捨（てる）

26 イ（しゅうのう）
どちらも「おさめる」の意味。

27 ウ（ぎゅうにゅう）
牛（の）↓乳

28 エ（せんめん）
洗（う）↑面（顔を）

29 胃液
30 帰宅
31 負傷
32 立腹
33 寒暖
34 就職
35 看病
36 植樹

29 ウ（いえき）
胃（の）↓液

30 エ（きたく）
帰（る）↑宅（家、住まいに）

31 エ（ふしょう）
負（う）↑傷（を）

32 エ（りっぷく）
立（てる）↑腹（を）

33 ア（かんだん）
寒（い）↕暖（かい）

34 エ（しゅうしょく）
就（つく）↑職（に）

35 エ（かんびょう）
看（みまもる）↑病（人を）

36 エ（しょくじゅ）
植（える）↑樹（を）

頻出度 A ランク

同じ読みの漢字①

目標時間 18分

1回目 /36

2回目 /36

● 次の——線のカタカナを漢字になおしなさい。

□ 1 近シのため、めがねが必要だ。
□ 2 車が赤信号で停シする。
□ 3 旅行の収シ報告をする。
□ 4 シ急返事をもらいたい。
□ 5 同窓会で恩シに会う。
□ 6 進行のうまいシ会者だ。
□ 7 オーケストラの指キをとる。
□ 8 年キが入った机を使っている。
□ 9 キ重品をフロントにあずける。
□ 10 ランニングを始めた動キを聞かれる。

解答

1 視
2 止
3 支 辞
4 至 辞
5 師 辞
6 司
7 揮 辞
8 季 辞
9 貴 辞
10 機

□ 11 ギフト用の包ソウは有料です。
□ 12 産地から野菜を直ソウする。
□ 13 何年も構ソウを練った作品だ。
□ 14 理科で地ソウのでき方を学習する。
□ 15 独ソウ的な作品に目を見はる。
□ 16 音楽室でピアノを演ソウする。
□ 17 快ソウするランナーを応援する。
□ 18 鏡にウツる自分の顔をながめた。
□ 19 料理を小皿にウツす。
□ 20 お手本を見ながら字を書きウツす。

解答

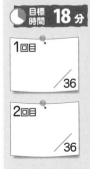

11 装 辞
12 送
13 想 辞
14 層
15 創 辞
16 奏 辞
17 走 辞
18 映 辞
19 移
20 写 辞

21 パラシュートでコウ下する。
22 チケットの有コウ期限を確認する。
23 コウ価な品物を頂く。
24 二国の友コウ関係を確認する。
25 明日の天コウがよければ外出しよう。
26 近くのコウ園には長いすべり台がある。
27 魚を加コウする工場で働く。
28 転コウする子のお別れ会を開く。

21 降 辞
22 効
23 高
24 好
25 候
26 公
27 工 辞
28 校

29 トウ分のとりすぎに注意する。
30 特定の政トウを支持していない。
31 夕方、車のライトを点トウさせた。
32 児童会では書記を担トウしている。
33 料理を均トウに分ける。
34 店はトウ分休むらしい。
35 この問題は正トウ率が低い。
36 本日の目玉商品が店トウに並んでいる。

29 糖 辞
30 党
31 灯 辞
32 当 辞
33 等
34 当 辞
35 答 辞
36 頭

意味をCheck!

3 **収支**…収入と支出。
4 **至急**…大急ぎ。大変急ぐこと。
5 **恩師**…教えを受けた先生。師に対して敬意を表す語。
7 **指揮**…全体がまとまって行動するように上に立って指図をすること。
8 **年季が入る**…道具などが長く使われている。
9 **貴重品**…大切な品物や高価な物。所持金。

11 **包装**…物をつつむこと。そのうわづつみ。
13 **構想**…考えを組み立てること。芸術作品などにおいて内容や組み立て、表現方法などのあらゆる要素の構成を考えること。
15 **独創的**…今までになかったような新しい物を生み出す能力があるさま。独創された物であるさま。
16 **演奏**…音楽をかなでること。楽器をかなでること。
17 **快走**…気持ちがよいくらい速く走ること。順調に走ること。
18 **映る**…形や色、光、影などが反射などで他の物の表面に現れること。
20 **写す**…文書や絵などを元をまねてそのとおりに書くこと。また、ある物を元にしてそのとおりの形に作ること。写真をとること。
21 **降下**…高いところから低いところへおりること。高い状態だったものが低くなること。

27 **加工**…細工すること。人の手を加えること。
29 **糖分**…糖類の成分、甘み。
31 **点灯**…明かりをつけること。
32 **担当**…受け持つこと。引き受けること。
34 **当分**…しばらくの間。
35 **正答率**…正答した人の割合。

頻出度 A ランク

同じ読みの漢字②

目標時間 18分

1回目 /36

2回目 /36

● 次の——線の**カタカナ**を**漢字**になおしなさい。

1 サウナを**カン**備した宿に泊まる。
2 **カン**潔な文章を書く。
3 散歩を毎日の習**カン**にしている。
4 新しい雑誌が創**カン**された。
5 店の目印は赤い**カン**板だ。
6 長**カン**に任命された。
7 林**カン**学校は楽しい思い出だ。
8 冷夏で野菜が**ネ**上がりする。
9 兄は口は悪いが**ネ**はやさしい。
10 君の本**ネ**を聞かせてほしい。

解答									
1 完 辞	2 簡 辞	3 慣 辞	4 刊	5 看 辞	6 官	7 間	8 値	9 根 辞	10 音 辞

11 君の気が**ス**むようにしなさい。
12 遠くに**ス**む祖父母を気にかける。
13 毎朝仏だんにごはんを**ソナ**える。
14 学校にコンピュータを**ソナ**える。
15 最後に**シオ**で味をととのえる。
16 **シオ**の流れにのって魚が泳ぐ。
17 **テン**覧会のチケットを予約する。
18 **テン**字は指で読む文字である。
19 古**テン**文学に興味をもつ。
20 針路を一八〇度**テン**回する。

解答									
11 済	12 住	13 供 辞	14 備 辞	15 塩	16 潮	17 展	18 点 辞	19 典	20 転

21 自**コ**中心的な考え方だ。

22 自宅のエアコンが**コ**障した。

23 運動後に深**コ**吸する。

24 旅行会社に**ツト**める姉がいる。

25 各家庭が節電に**ツト**める。

26 学級会で議長を**ツト**める。

27 **ハラ**っぱでたこあげをする。

28 **ハラ**にすえかねる態度だ。

21	22	23	24	25	26	27	28
己	故	呼	勤 辞	努 辞	務 辞	原	腹 辞

29 母のお**トモ**で墓参りに行く。

30 兄と**トモ**に勉強をがんばった。

31 学生時代、よき**トモ**に恵(めぐ)まれる。

32 公園に小さい男の子が**イ**る。

33 弓を**イ**るポーズをとる。

34 多くの観**シュウ**が試合を見守る。

35 次の授業の予**シュウ**をする。

36 希望の会社に**シュウ**職した。

29	30	31	32	33	34	35	36
供	共	友	居	射 辞	衆	習 辞	就

意味をCheck!

1 完備…そなえていること。

2 簡潔…表現が簡単で要領を得ていること。

3 習慣…日ごろの決まった行い。

5 看板…商店などが、店名や商品名などを人目につきやすいように掲げたもの。劇場などで、絵とともに演目などを書いて掲げる物。

9 根…草木の根。立っている物やはえている物の下の部分。物事の土台。本来の性質。

10 本音…本当の気持ち。

13 供える…神仏や貴人などに物をささげる。

14 備える…何らかの物事に対して前もって準備する。必要な物をそろえておく。

18 点字…決められた配列の突き出た点で表す、目の不自由な人用の文字。

20 転回…ぐるりと回ること。方向が変わること。

24 勤める…勤務する。一定の時間内に一定の労務に当たる。

25 努める…努力する。

26 務める…任務として事を行う。

28 腹にすえかねる…あまりにもひどいと、いかりをがまんすることができない。

33 射る…矢を放つ。

35 予習…前もって学習しておくこと。

頻出度 A ランク

書き取り①

目標時間 22分

1回目 ／44

2回目 ／44

● 次の――線のカタカナを漢字になおしなさい。

1 働くスガタを子供に見せる。

2 マフラーをマくと暖かい。

3 茶わんにごはんをいっぱいモる。

4 大逆転にムネがすく思いだ。

5 海外にいる姉からの手紙がトドく。

6 特急のザセキ指定券を買う。

7 日がクれるのが早くなってきた。

8 学校にかさを置きワスれる。

9 先生の指示にシタガう。

10 海岸線にソうように遊歩道がある。

解答

1 姿
2 巻
3 盛
4 胸 辞
5 届
6 座席
7 暮 辞
8 忘
9 従
10 沿

11 チェロのエンソウ会に行く。

12 国語の授業でハイクを作った。

13 大きな声で友達の名前をヨぶ。

14 紙くずをごみ箱にスてる。

15 なまけ者をグループからノゾく。

16 テレビのトウロン会に参加する。

17 チケット売り場にナラぶ。

18 植物は根から水をスう。

19 マドを開けて空気を入れかえる。

20 雪がフると子供は大喜びする。

解答

11 演奏
12 俳句
13 呼
14 捨
15 除
16 討論 辞
17 並
18 吸
19 窓
20 降

読み　部首と部首名　画数　漢字と送りがな　音と訓　四字の熟語　対義語・類義語　熟語作り　熟語の構成　同じ読みの漢字　書き取り　模擬テスト

21 犬も歩けば**ボウ**に当たる
22 かぜの予防には手を**アラ**うことが第一だ。
23 **オサナ**いころから剣(けん)道を習っている。
24 父の**イサン**を兄弟で分ける。
25 雪で動きがとれずに**コマ**る。
26 **キビ**しい寒さと大雪が続く。
27 いつか**ウチュウ**遊泳をしてみたい。
28 **シセイ**を正して整列する。
29 医学書を**センモン**にあつかう店だ。
30 天気のよい日は必ずふとんを**ホ**す。
31 **ショウライ**は小説家になりたい。
32 **ワレ**ながら上手にできたと思う。
33 よだれが**タ**れるほどおいしそうだ。
34 オーケストラの**シキ**をとる。

21 棒
22 洗
23 幼
24 遺産
25 困
26 厳
27 宇宙 辞
28 姿勢
29 専門
30 干
31 将来
32 我 辞
33 垂
34 指揮

35 いつまでも気が**ワカ**いのはいいことだ。
36 なんとも**ハラ**の虫がおさまらない。
37 **ワケ**のわからないことを言う人だ。
38 声優が名作を**ロウドク**する。
39 用事が**ス**むまで、待っていてください。
40 食料を冷蔵庫で**ホゾン**する。
41 野原に花が咲(さ)き**ミダ**れる。
42 人の出入りが**ハゲ**しい店だった。
43 白い布を赤く**ソ**める。
44 景気の悪化で店を**ト**じることになる。

35 若
36 腹 辞
37 訳 辞
38 朗読 辞
39 済
40 保存
41 乱
42 激
43 染
44 閉

意味をCheck!

4 **胸がすく思い**…晴れやかな気持ち。心のつっかえが取れたような気持ち。
7 **暮れる**…太陽がしずんで暗くなる。
16 **討論**…問題について意見を述べ合うこと。
27 **宇宙遊泳**…宇宙飛行士が宇宙船の外に出て活動すること。

32 **我ながら**…自分のことながら。
36 **腹の虫がおさまらない**…腹が立ってがまんできない。
37 **訳**…物事の筋道。
38 **朗読**…声に出して詩や小説を読むこと。

頻出度 A ランク

書き取り②

目標時間 22分

1回目 /44

2回目 /44

● 次の——線のカタカナを漢字になおしなさい。

1 ホネ折り損のくたびれもうけだった。
2 車が道の途(と)中でコショウした。
3 おなかがイタいので学校を休む。
4 テツボウで逆上がりの練習をする。
5 オンをあだで返してはいけない。
6 スジ書きどおりに事が運ぶ。
7 自分のセイザを調べる。
8 山のイタダキでひと休みする。
9 キチョウ品は手放さないようにする。
10 友人がまじめな顔でオガむのを見た。

解答

1 骨 辞
2 故障
3 痛
4 鉄棒
5 恩
6 筋 辞
7 星座
8 頂
9 貴重
10 拝

11 合唱祭で私の組がユウショウした。
12 作品を教室のろうかにテンジする。
13 せっかくの才能もタカラの持ちぐされだ。
14 アブない橋を渡(わた)るような人ではない。
15 ツクエの上にはむだな物を置かない。
16 動きやすいフクソウでおいでください。
17 父がムズカしい顔をしている。
18 海ぞく船のモケイをつくる。
19 銀行にお金をアズける。
20 体育館で「大きなかぶ」のゲキをみる。

解答

11 優勝
12 展示 辞
13 宝 辞
14 危 辞
15 机
16 服装
17 難
18 模型
19 預
20 劇

☐ 21 ひまつぶしに**ザッシ**を読む。
☐ 22 犬が**シタ**を出して呼吸をしている。
☐ 23 **ユウビン**配達のアルバイトをする。
☐ 24 目立つところに**カンバン**を立てる。
☐ 25 毎朝コップ一杯(ぱい)の**ギュウニュウ**を飲む。
☐ 26 相手が**キズ**つくようなことを言う。
☐ 27 **センデン**の効果がすぐにあらわれた。
☐ 28 城はすっかり**テキ**に囲まれていた。
☐ 29 母の言葉を胸に**キザ**む。
☐ 30 握(にぎ)り飯だけで昼食を軽く**ス**ます。
☐ 31 **ウタガ**いの目を向けられる。
☐ 32 犬が**コウフン**してほえ続けている。
☐ 33 実力を十分に**ハッキ**する。
☐ 34 森林**シゲン**を有効に活用する。

21 雑誌
22 舌
23 郵便
24 看板
25 牛乳
26 傷
27 宣伝
28 敵
29 刻
30 済
31 疑
32 興奮
33 発揮
34 資源

☐ 35 栄養をサプリメントで**オギナ**う。
☐ 36 事件の**ハイケイ**をさぐる。
☐ 37 本校の学生であることを**ミト**める。
☐ 38 駅前の道路**カクチョウ**工事が始まる。
☐ 39 困ったことがあり**ケイサツ**に相談する。
☐ 40 落ち着くまで**コキュウ**を整える。
☐ 41 運動の前には準備**タイソウ**をしている。
☐ 42 地下にワインを**チョゾウ**している。
☐ 43 梅林が家の**ウラ**に広がっている。
☐ 44 トマトのなえを三**カブ**もらう。

35 補
36 背景
37 認
38 拡張
39 警察
40 呼吸 辞
41 体操
42 貯蔵 辞
43 裏
44 株

意味をCheck!

1 骨折り損のくたびれもうけ…苦労ばかりで、少しもよいことがないことのたとえ。
6 筋書き…もくろみ。計画。
12 展示…作品などをならべて多くの人に見せること。
13 宝の持ちぐされ…才能や役立つものを持っているのに、それを使わないこと。
14 危ない橋を渡る…危険な手段をとる。
40 呼吸…息を吸ったり吐(は)いたりすること。
42 貯蔵…ものや養分などをたくわえて、しまっておくこと。

頻出度

B ランク

読み①

目標時間 22分

1回目 ／44

2回目 ／44

● 次の――線の**漢字の読み**を**ひらがな**で答えなさい。

1 延期された修学旅行が実現した。
2 警報を聞き、安全な場所に移動する。
3 いつか宇宙旅行に行ってみたい。
4 思う存分やりたいことをやりなさい。
5 この春、新しい公園が誕生した。
6 ふん火により地面は灰だらけだ。
7 この学校は明朗で元気な生徒が多い。
8 京都の神社や仏閣をまわる。
9 具体的な対策を示す。
10 生徒会長に就任したあいさつをする。

解答

1 えんき
2 けいほう
3 うちゅう
4 ぞんぶん
5 たんじょう
6 はい
7 めいろう 辞
8 ぶっかく
9 たいさく
10 しゅうにん

11 入場者は延べ五千人だった。
12 父さんのかけ声で奮起した。
13 洋裁を習ってスーツを仕立てる。
14 標高が上がるにつれて呼吸が苦しくなる。
15 自動車のキズを補修する。
16 駅前に高層マンションが建築中だ。
17 財産を一銭残らず使ってしまった。
18 母の若いころの話を聞いた。
19 なんとも痛快な映画だった。
20 本番で能力以上の力を発揮する。

解答

11 の 辞
12 ふんき
13 ようさい
14 こきゅう
15 ほしゅう
16 こうそう
17 いっせん
18 わか
19 つうかい
20 はっき

21 純白のドレスを身にまとう。
22 受賞した著者に話を聞く。
23 意見が真っ二つに割れる。
24 牛の乳しぼりを体験する。
25 我が子のために庭に砂場を作った。
26 有名な詩が収録してある本を買う。
27 パソコンが故障したので修理に出す。
28 進路について深刻に悩(なや)む。
29 駅で班長が全員の点呼をとる。
30 車の通りが多く危ない。
31 地球温暖化への対策を検討する。
32 力士が土俵に上がる。
33 英語に訳すサービスを利用する。
34 申し込(こ)み期間を延長して受け付ける。

21 じゅんぱく
22 ちょしゃ
23 わ
24 ちち
25 すなば
26 しゅうろく
27 こしょう
28 しんこく
29 てんこ 辞
30 あぶ
31 おんだんか 辞
32 どひょう
33 やく
34 えんちょう

35 テーブルに料理を並べる。
36 誕生日にはケーキでいわう。
37 組合に加盟する方法をたずねる。
38 何事も前向きな姿勢で取り組む。
39 尺八の美しい音色がひびきわたる。
40 昨夜から胃腸の調子がよくない。
41 少しでも善い行いを心がける。
42 鋼鉄のような強い意志を持つ。
43 詩を朗読して生徒に聞かせる。
44 輸入品は安値で推移した。

35 なら
36 たんじょうび
37 かめい
38 しせい
39 しゃくはち 辞
40 いちょう
41 よ 辞
42 こうてつ
43 ろうどく
44 すいい 辞

意味をCheck!

7 明朗…明るくほがらかで、元気のいいこと。
11 延べ…同じ物や人が重なっていてもそれぞれを一つとして数え、合計したもの。
29 点呼…一人ひとりの名前を読んで、全員がそろっているかどうかを確かめること。

31 温暖化…地球全体の平均気温が上がること。
39 尺八…竹で作った縦笛。
41 善い…正しい。正当である。道徳的意識が高い。
44 推移…時間がたつにつれて状態が変化すること。

頻出度 B ランク

部首と部首名①

目標時間 11分

1回目 /22

2回目 /22

●次の**1** **2**のそれぞれについて、漢字の**部首**を上の□の中の「あ〜さ」から、**部首名**を下の□の中の「ア〜サ」から選び、**記号**で答えなさい。

1

1 欲　2 退　3 泉　4 激　5 宇　6 縮　7 忠

解答

	1	2	3	4	5	6	7
部首	う	あ	か	き	け	く	こ
部首名	ウ	エ	カ	ア	ク	キ	サ

2

12 糖　13 模　14 延　15 担　16 域　17 誠　18 除

解答

	12	13	14	15	16	17	18
部首	か	え	う	く	け	お	い
部首名	エ	ク	ウ	イ	コ	サ	カ

☐ 8 認
部首 ☐
部首名 ☐

☐ 9 胸
部首 ☐
部首名 ☐

☐ 10 著
部首 ☐
部首名 ☐

☐ 11 拡
部首 ☐
部首名 ☐

あ 辶　い 扌　う 欠　え 艹　お 言　か 水　き 氵　く 糸　け 宀　こ 心　さ 月

ア さんずい
イ くさかんむり
ウ あくび　かける
エ しんにょう　しんにゅう
オ てへん
カ みず
キ いとへん
ク うかんむり
ケ ごんべん
コ にくづき
サ こころ

	8	9	10	11
部首	お	さ	え	い
部首名	ケ	コ	イ	オ

☐ 19 俵
部首 ☐
部首名 ☐

☐ 20 蚕
部首 ☐
部首名 ☐

☐ 21 潮
部首 ☐
部首名 ☐

☐ 22 腹
部首 ☐
部首名 ☐

あ 虫　い 阝　う 廴　え 木　お 言　か 米　き 月　く 扌　け 土　こ 亻　さ 氵

ア さんずい
イ てへん
ウ えんにょう
エ こめへん
オ にくづき
カ こざとへん
キ にんべん
ク きへん
ケ むし
コ つちへん
サ ごんべん

	19	20	21	22
部首	こ	あ	さ	き
部首名	キ	ケ	ア	オ

頻出度 B ランク

画数①

目標時間 14分

1回目 /28

2回目 /28

● 次の漢字の**赤色の画**のところは**筆順の何画目**か、また**総画数は何画**か、**算用数字**（1、2、3…）で答えなさい。

	漢字	何画目	総画数
1	蒸	（　）	［　］
2	閣	（　）	［　］
3	貴	（　）	［　］
4	済	（　）	［　］
5	並	（　）	［　］
6	恩	（　）	［　］

解答

	1	2	3	4	5	6
何画目	9	6	5	9	6	3
総画数	13	14	12	11	8	10

	漢字	何画目	総画数
7	装	（　）	［　］
8	延	（　）	［　］
9	承	（　）	［　］
10	我	（　）	［　］
11	若	（　）	［　］
12	存	（　）	［　］

解答

	7	8	9	10	11	12
何画目	3	2	3	4	4	2
総画数	12	8	8	7	8	6

	13	14	15	16	17	18	19	20
漢字	権	障	郵	革	染	訳	系	呼
何画目	（　）	（　）	（　）	（　）	（　）	（　）	（　）	（　）
総画数	［　］	［　］	［　］	［　］	［　］	［　］	［　］	［　］

	13	14	15	16	17	18	19	20
何画目	8	8	6	8	5	10	3	7
総画数	15	14	11	9	9	11	7	8

	21	22	23	24	25	26	27	28
漢字	至	処	除	蔵	聖	熟	閣	盛
何画目	（　）	（　）	（　）	（　）	（　）	（　）	（　）	（　）
総画数	［　］	［　］	［　］	［　］	［　］	［　］	［　］	［　］

	21	22	23	24	25	26	27	28
何画目	4	3	3	13	12	9	1	1
総画数	6	5	10	15	13	15	14	11

頻出度 B ランク

漢字と送りがな①

目標時間 13分

1回目 ／26

2回目 ／26

●次の――線のカタカナの部分を漢字一字と送りがな（ひらがな）になおしなさい。

〈例〉問題の答えをカンガエル。　考える

☐ 1 門の前の雪を取りノゾク。

☐ 2 計算のアヤマリをただす。

☐ 3 朝起きたらまず顔をアラウ。

☐ 4 人によって考え方はコトナル。

☐ 5 食事の支払（はら）いをスマス。

☐ 6 自分の非をミトメル。

☐ 7 一位との距離（きょり）がチヂマル。

解答

1 除く
2 誤り 辞
3 洗う
4 異なる 辞
5 済ます 辞
6 認める
7 縮まる 辞

☐ 8 銀行で税金をオサメル。

☐ 9 結論を出すにイタル。

☐ 10 友だちにおみやげをトドケル。

☐ 11 開店前に多くの人がナラブ。

☐ 12 返事にコマル質問をされる。

☐ 13 食事をイタダク前に手を合わせる。

☐ 14 災害から生きノビル。

解答

8 納める 辞
9 至る 辞
10 届ける
11 並ぶ
12 困る
13 頂く 辞
14 延びる

□ **15** **ワカイ**ときの思い出を伝える。

□ **16** あせ水を**タラシ**て働く。

□ **17** 故郷の母から小包が**トドク**。

□ **18** 申し訳なくて胸が**イタム**。

□ **19** **ウタガワシイ**人物がたくさんいる。

□ **20** 先生のお宅を**タズネル**。

15 若い
16 垂らし 辞
17 届く
18 痛む 辞
19 疑わしい 辞
20 訪ねる

□ **21** 月が**ウツル**湖のほとりにたたずむ。

□ **22** 父の**ツトメ**先を聞かれる。

□ **23** 勇気を**フルッ**て敵に立ち向かう。

□ **24** あまりの寒さに身が**チヂム**。

□ **25** ベテラン選手が現役を**シリゾク**。

□ **26** 親せきの子供を**アズカル**。

21 映る
22 勤め
23 奮っ 辞
24 縮む 辞
25 退く 辞
26 預かる

意味をCheck!

2 誤り…正しくないこと、まちがっていること。失敗や失策など、やりそこなったことにも使う。

4 異なる…二つの物に差がある。同じではない。

5 済ます…物事をなしとげること。とりあえず決着をつける、代わりのもので解決したことにするという意味でも用いる。

7 縮まる…ちぢんで小さくなる。間隔などが短くなる。

8 納める…一定の場所、決まったところにしまうこと。お金をきちんと払い込むこと。収納する。また、きちんと渡す、しずめるの意味にも使う。

9 至る…目的地や場所に行きつくこと。到達する。ある時間・時期、ある段階・状態になること。

13 頂く…「もらう」の謙譲語。

16 垂らす…液体などを少しずつ上から流す。たれるようにする。

18 痛む…切られたり、打たれたり、病気をしたりして、肉体的に苦痛を感じること。精神的につらく苦しいときにも使う。また、ものや建物などが傷ついたり、食物がくさって悪くなること。

19 疑わしい…物事が疑いたくなるような状態・状況のこと。信用できない。また、そのとおりになるとは思えない、どうなるかわからないという意味で用いる。

23 奮う…気力がさかんになる。気力をさかんにする。自分からすすんで、勢いがさかんになる。

24 縮む…すき間が詰まったり中身が減ったりして、長さが短くなったり面積や容積が小さくなったりすること。期間や時間にも用いる。

25 退く…うしろへ下がること。現在の位置からうしろへ移動すること。その場所から去ること。試合などに負けて、いなくなること。

頻出度 **B** ランク

音と訓①

● 漢字の読みには**音**と**訓**があります。次の**熟語の読み**は□の中のどの組み合わせになっていますか。ア〜エの**記号**で答えなさい。

目標時間 20分

1回目 ／40

2回目 ／40

ア 音と音	**イ** 音と訓	**ウ** 訓と訓	**エ** 訓と音

□ 1 無口

□ 2 晩飯

□ 3 拡張

□ 4 軍手

□ 5 系統

□ 6 黒潮

□ 7 番付

□ 8 郷里

□ 9 政党

□ 10 牛乳

解答と解説

1 イ 無口（ムくち）
2 イ 晩飯（バンめし）
3 ア 拡張（カクチョウ）
4 イ 軍手（グンて）
5 ア 辞 系統（ケイトウ）
6 ウ 黒潮（くろしお）
7 イ 辞 番付（バンづけ）
8 ア 郷里（キョウリ）
9 ア 政党（セイトウ）
10 ア 牛乳（ギュウニュウ）

□ 11 関所

□ 12 値段

□ 13 内閣

□ 14 筋金

□ 15 推理

□ 16 仏様

□ 17 疑問

□ 18 貯蔵

□ 19 定刻

□ 20 生卵

解答と解説

11 エ 辞 関所（せきショ）
12 エ 値段（ねダン）
13 ア 辞 内閣（ナイカク）
14 ウ 辞 筋金（すじがね）
15 ア 辞 推理（スイリ）
16 ウ 仏様（ほとけさま）
17 ア 疑問（ギモン）
18 ア 辞 貯蔵（チョゾウ）
19 ア 辞 定刻（テイコク）
20 ウ 生卵（なまたまご）

☐21 宝船
☐22 胸囲
☐23 諸国
☐24 裁判
☐25 蒸発

☐26 同盟
☐27 納入
☐28 運賃
☐29 規律
☐30 株式

21 ウ 宝船（たからぶね） 辞
22 ア 胸囲（キョウイ）
23 ア 諸国（ショコク） 辞
24 ア 裁判（サイバン）
25 ア 蒸発（ジョウハツ） 辞
26 ア 同盟（ドウメイ） 辞
27 ア 納入（ノウニュウ） 辞
28 ア 運賃（ウンチン）
29 ア 規律（キリツ） 辞
30 エ 株式（かぶシキ）

☐31 場所
☐32 並木
☐33 縦笛
☐34 返済
☐35 明朗

☐36 土手
☐37 誤答
☐38 割合
☐39 弱気
☐40 首筋

31 エ 場所（ばショ）
32 ウ 並木（なみき） 辞
33 ウ 縦笛（たてぶえ）
34 ア 返済（ヘンサイ） 辞
35 ア 明朗（メイロウ） 辞
36 イ 土手（ドて）
37 ア 誤答（ゴトウ） 辞
38 ウ 割合（わりあい） 辞
39 エ 弱気（よわキ）
40 ウ 首筋（くびすじ）

意味をCheck!

5 系統…一定の順序で続いている統一されたつながり。
7 番付…すもうで、力士の位の順序を表したもの。
11 関所…昔、国境など大切な道で役人が旅人や荷物を調べたところ。
13 内閣…国の政治を行う大臣たちの集まり。
14 筋金…物をじょうぶにするために、中に入れる細い金属。「筋金入り」と慣用句の形で使用することも多く、意味は思想や身体がきたえられて強固なこと。

15 推理…わかっていることをもとに、わからないことをおしはかること。
18 貯蔵…たくわえておくこと。
19 定刻…決められた時刻。

21 宝船…宝物や七福神という神様をのせた船。
23 諸国…いろいろな国。各国。
25 蒸発…液体が気体になること。
26 同盟…同じ目的のために力を合わせることを約束すること。
27 納入…学校や会社などに、お金や品物を納めること。
29 規律…人の行いのもとになるきまり。

32 並木…道路の両側などに並べて植えた木。
34 返済…借りたものを返すこと。
35 明朗…明るくほがらかな様子。
37 誤答…まちがった答え。
38 割合…全体に対する部分の数量の比率。

頻出度 **B** ランク

四字の熟語①

目標時間 **14**分

1回目 ／28

2回目 ／28

● 次の**カタカナ**を**漢字**になおし、**一字だけ**答えなさい。

☐ **1** 景気対**サク**

☐ **2** **タク**地造成

☐ **3** 条件反**シャ**

☐ **4** 速達**ユウ**便

☐ **5** 独立**セン**言

☐ **6** 質**ギ**応答

☐ **7** 単**ジュン**明快

☐ **8** 宇**チュウ**遊泳

☐ **9** 天地**ソウ**造

☐ **10** 社会保**ショウ**

☐ **11** 首**ノウ**会議

☐ **12** **ジョウ**気機関

解答と意味

1 景気対策（けいきたいさく） 世の中のお金の動きをよくするための対策。

2 宅地造成（たくちぞうせい） 農地や山林を、住宅用に平らな土地にすること。

3 条件反射（じょうけんはんしゃ） ある条件を与えられると起こる反射運動のこと。

4 速達郵便（そくたつゆうびん） 特別に早く届ける郵便。

5 独立宣言（どくりつせんげん） その国が独立したことを、世界の国に知らせること。

6 質疑応答（しつぎおうとう） 質問とそれに対する答え。

7 単純明快（たんじゅんめいかい） わかりやすくはっきりしていること。

8 宇宙遊泳（うちゅうゆうえい） 宇宙で宇宙飛行士が宇宙船外で行動すること。

9 天地創造（てんちそうぞう） 宇宙・万物を神がいかに創ったかをものがたる神話。

10 社会保障（しゃかいほしょう） すべての国民が最低限の暮らしを確保できる政策。

11 首脳会議（しゅのうかいぎ） 組織などの中心に立つ人たちが参加する会議。

12 蒸気機関（じょうききかん） 蒸気の力を利用して機械などを動かすしくみ。

☐ 13 暴風ケイ報

☐ 14 公シ混同

☐ 15 一進一タイ

☐ 16 地イキ社会

☐ 17 政治改カク

☐ 18 空前ゼツ後

☐ 19 非常階ダン

☐ 20 リン時休業

☐ 21 国民主ケン

☐ 22 安全ソウ置

☐ 23 自画自サン

☐ 24 自キュウ自足

☐ 25 信号無シ

☐ 26 セン門用語

☐ 27 雨天順エン

☐ 28 問題ショ理

13 暴風警報（ぼうふうけいほう）　激しい風雨がやってくるという知らせ。

14 公私混同（こうしこんどう）　仕事上のことと、個人的なことのけじめがないこと。

15 一進一退（いっしんいったい）　進んだり退いたり、良くなったり悪くなったりすること。

16 地域社会（ちいきしゃかい）　一定の地域に成立している人びとの集まり。

17 政治改革（せいじかいかく）　政治のしくみを新しく変えること。

18 空前絶後（くうぜんぜつご）　これまでになく、これからも起こりそうにないこと。

19 非常階段（ひじょうかいだん）　火事や地しんなどの非常時のひなんに使う階段。

20 臨時休業（りんじきゅうぎょう）　定休日以外で、必要に応じて商売・仕事を休むこと。

21 国民主権（こくみんしゅけん）　主権が国民にあるということ。

22 安全装置（あんぜんそうち）　危険が生じないように取り付けた装置。

23 自画自賛（じがじさん）　自分で自分のしたことをほめること。

24 自給自足（じきゅうじそく）　必要なものを自分で作り自分で使うこと。

25 信号無視（しんごうむし）　道路などの信号の表示に従わないこと。

26 専門用語（せんもんようご）　専門の分野だけで使われることば。

27 雨天順延（うてんじゅんえん）　雨のために、期日を順に先にのばすこと。

28 問題処理（もんだいしょり）　問題をかたづけること。

頻出度 B ランク

四字の熟語②

目標時間 14分

1回目 /28

2回目 /28

● 次の**カタカナ**を**漢字**になおし、**一字だけ**答えなさい。

1 針小**ボウ**大

2 賛否両**ロン**

3 自**コ**満足

4 精**ミツ**機械

5 人**ケン**尊重

6 国際親**ゼン**

7 価**チ**判断

8 完全無**ケツ**

9 玉石**コン**交

10 言語道**ダン**

11 書留**ユウ**便

12 **タン**刀直入

解答と意味

1 **針小棒大**（しんしょうぼうだい） 針くらい小さいことを、棒のように大きいことのように言うこと。

2 **賛否両論**（さんぴりょうろん） 賛成と反対の両方の意見があること。

3 **自己満足**（じこまんぞく） 自分の行いなどを、自分ひとりで満足すること。

4 **精密機械**（せいみつきかい） 時計などの、細部まで正確な寸法で作られた機械。

5 **人権尊重**（じんけんそんちょう） 人が生まれながらにもっている権利を尊重すること。

6 **国際親善**（こくさいしんぜん） 国と国が仲良くすること。

7 **価値判断**（かちはんだん） ものごとの値うちを決めること。

8 **完全無欠**（かんぜんむけつ） 完全でまったく欠点がないこと。

9 **玉石混交**（ぎょくせきこんこう） 良いものと悪いものが混じり合っていること。

10 **言語道断**（ごんごどうだん） あまりにひどいこと、もってのほかであること。

11 **書留郵便**（かきとめゆうびん） 記録にとって、まちがいなく届くようにした郵便。

12 **単刀直入**（たんとうちょくにゅう） 前置きがなく、いきなり大切な中心の話に入ること。

☐ 13 南極**タン**検

☐ 14 栄養**ホ**給

☐ 15 **ザ**席指定

☐ 16 実験**ソウ**置

☐ 17 首**ノウ**会談

☐ 18 反**シャ**神経

☐ 19 **キン**務時間

☐ 20 心**キ**一転

☐ 21 一挙両**トク**

☐ 22 **セン**業農家

☐ 23 **ソウ**立記念

☐ 24 時間**ゲン**守

☐ 25 生**ゾン**競争

☐ 26 **ヨッ**求不満

☐ 27 公**シュウ**電話

☐ 28 宇**チュウ**飛行

13 **南極探検** 南極へ行っていろいろと調べること。

14 **栄養補給** 足りない栄養をおぎなうこと。

15 **座席指定** 座る席が決められていること。

16 **実験装置** 実験するために使う装置。

17 **首脳会談** 組織などの中心に立つ人たちが話し合うこと。

18 **反射神経** 物事に反応する能力のこと。

19 **勤務時間** 働くように決められた時間。

20 **心機一転** 何かをきっかけにして気持ちが変わること。

21 **一挙両得** 一つのことで同時に二つの利益を得ること。

22 **専業農家** 農業だけで生計を立てている農家。

23 **創立記念** 学校や会社などをつくったことを祝う行事。

24 **時間厳守** 決められた時間をきびしく守ること。

25 **生存競争** 生物が生きていくためのあらそい。

26 **欲求不満** 欲求が満たされず、心が不安定な様子。

27 **公衆電話** 町かどにある、料金をはらえばだれでも使える電話。

28 **宇宙飛行** ロケットなどが宇宙で飛行すること。

頻出度 **B** ランク

対義語・類義語①

目標時間 11分

1回目 ／22

2回目 ／22

●次の **1** **2** それぞれの下の□の中のひらがなを漢字になおして、**対義語**（意味が反対や対（つい）になることば）と、**類義語**（意味がよくにたことば）を答えなさい。□の中のひらがなは**一度だけ**使い、**漢字一字**を答えなさい。

1 対義語

☐ 1 公開―□密

☐ 2 入場―□場

☐ 3 目的―手□

☐ 4 安全―□険

☐ 5 複雑―□単

2 類義語

☐ 6 反対―□議

☐ 7 保管―保□

☐ 8 開演―開□

☐ 9 感動―感□

☐ 10 出生―□生

い　かん　き　げき　ぞん　たい　たん　だん　まく　ひ

解答

1 公開（こうかい）―秘密（ひみつ）

2 入場（にゅうじょう）―退場（たいじょう）

3 目的（もくてき）―手段（しゅだん）

4 安全（あんぜん）―危険（きけん）

5 辞 複雑（ふくざつ）―簡単（かんたん）

6 反対（はんたい）―異議（いぎ）

7 保管（ほかん）―保存（ほぞん）

8 開演（かいえん）―開幕（かいまく）

9 感動（かんどう）―感激（かんげき）

10 辞 出生（しゅっせい）―誕生（たんじょう）

2

対義語

□ 11 横糸―□糸

□ 12 散在―□集

□ 13 短縮―□長

□ 14 支出―□入

□ 15 借用―返□

□ 16 尊重―無□

類義語

□ 17 任務―役□

□ 18 討議―討□

□ 19 役者―□優

□ 20 指図―指□

□ 21 大木―大□

□ 22 貯金―□金

えん　き　さい　し　じゅ　しゅう　たて　はい　みつ　よ　ろん　わり

---

11 横糸（よこいと）―縦糸（たていと）

12 辞 散在（さんざい）― 辞 密集（みっしゅう）

13 辞 短縮（たんしゅく）―延長（えんちょう）

14 支出（ししゅつ）―収入（しゅうにゅう）

15 辞 借用（しゃくよう）―返済（へんさい）

16 辞 尊重（そんちょう）― 辞 無視（むし）

17 辞 任務（にんむ）―役割（やくわり）

18 辞 討議（とうぎ）― 辞 討論（とうろん）

19 役者（やくしゃ）―俳優（はいゆう）

20 指図（さしず）―指揮（しき）

21 大木（おおき）―大樹（たいじゅ）

22 貯金（ちょきん）―預金（よきん）

意味をCheck!

5 複雑…物事の事情や関係、構造などが込み入っていること。

10 出生…人が生まれること。

12 散在…あちらこちらに散らばってあること。

12 密集…すき間もないほどぎっしりと集まっている様子。

13 短縮…距離や時間などを短く縮めること。

15 借用…金銭や物などを、かりて使うこと。

16 尊重…価値を認めて、大切にすること。

16 無視…存在するものをないように扱うこと。

17 任務…つとめ。役目。

18 討議…意見を出して話し合うこと。

18 討論…問題について意見を述べ合うこと。

頻出度 B ランク

熟語作り①

目標時間 11分

1回目 /22

2回目 /22

● 次の**1**〜**4**のそれぞれの後の□の中から漢字を選んで、次の意味にあてはまる**熟語**を作りなさい。答えは**記号**で答えなさい。

1

□ **1** ものをたくわえておくこと。

□ **2** ものを作り出すもとになるもの。

□ **3** 持っている力をあらわし出すこと。

□ **4** 心がすなおで清らかなさま。

□ **5** うれしい知らせ。

ア 真　イ 資　ウ 貯　エ 発　オ 報
カ 揮　キ 蔵　ク 源　ケ 純　コ 朗

解答

1 ウ・キ（貯蔵）
2 イ・ク（資源）
3 エ・カ（発揮）
4 ケ・ア（純真）
5 コ・オ（朗報）

2

□ **6** 人の家をたずねること。

□ **7** 広く世間に発表すること。

□ **8** けがをすること。

□ **9** 元気をふるいおこすこと。

□ **10** すいとること。すいこむこと。

ア 問　イ 宣　ウ 負　エ 訪　オ 傷
カ 奮　キ 吸　ク 言　ケ 起　コ 収

解答

6 エ・ア（訪問）
7 イ・ク（宣言）
8 ウ・オ（負傷）
9 カ・ケ（奮起）
10 キ・コ（吸収）

3

☐ **11** きびしいさま。

☐ **12** 人や物をある場所に入れること。

☐ **13** 危険がせまっていると知らせること。

☐ **14** おおぜいの人々。また、一般の人々。

☐ **15** 借りたお金をかえすこと。

☐ **16** かんたんなさま。

ア 警	イ 単	ウ 返	エ 衆	オ 済	カ 格
キ 容	ク 大	ケ 厳	コ 収	サ 報	シ 純

11 ケ・カ（厳格（げんかく））
12 コ・キ（収容（しゅうよう））
13 ア・サ（警報（けいほう））
14 ク・エ（大衆（たいしゅう））
15 ウ・オ（返済（へんさい））
16 イ・シ（単純（たんじゅん））

4

☐ **17** まくがあいて、げきなどがはじまること。

☐ **18** 初めて新しいものを作り出すこと。

☐ **19** 人と違った意見や考え。

☐ **20** まごころをもって相手に注意すること。

☐ **21** 自分のなまえを書き記すこと。

☐ **22** 力をつくしてはげむこと。

ア 告	イ 創	ウ 開	エ 勤	オ 名	カ 幕
キ 勉	ク 造	ケ 忠	コ 異	サ 議	シ 署

17 ウ・カ（開幕（かいまく））
18 イ・ク（創造（そうぞう））
19 コ・サ（異議（いぎ））
20 ケ・ア（忠告（ちゅうこく））
21 シ・オ（署名（しょめい））
22 エ・キ（勤勉（きんべん））

頻出度 B ランク

熟語の構成①

目標時間 18分

1回目 /36

2回目 /36

●漢字を二字組み合わせた熟語では、二つの漢字の間に意味の上で、次のような関係があります。

ア 反対や対（つい）になる意味の字を組み合わせたもの。（例…高低）
イ 同じような意味の字を組み合わせたもの。（例…岩石）
ウ 上の字が下の字の意味を説明（修飾（しょく））しているもの。（例…洋画）
エ 下の字から上の字へ返って読むと意味がよくわかるもの。（例…着席）

次の**熟語**は右の**ア～エ**のどれにあたるか、**記号**で答えなさい。

1 特権
2 除草
3 絹糸
4 短針
5 築城
6 閉館

解答と解説

1 ウ（とっけん） 特（別な）⬇権（利）
2 エ（じょそう） 除（く）⬆草（を）
3 ウ（けんし） 絹（の）⬇糸
4 ウ（たんしん） 短（い）⬇針
5 エ（ちくじょう） 築（く）⬆城（を）
6 エ（へいかん） 閉（める）⬆館（図書館、博物館などを）

7 胸囲
8 翌週
9 閉店
10 去来
11 死亡
12 異国

解答と解説

7 ウ（きょうい） 胸（の）⬇囲（まわり）
8 ウ（よくしゅう） 翌（その次の）⬇週
9 エ（へいてん） 閉（める）⬆店（を）
10 ア（きょらい） 去（る）⬍来（る）
11 イ（しぼう） どちらも「しぬ」の意味。
12 ウ（いこく） 異（なる）⬇国。「外国」の意味。

□ 13 軽傷
□ 14 山頂
□ 15 在宅
□ 16 国宝
□ 17 納税
□ 18 価値
□ 19 古城
□ 20 若者

13 ウ（けいしょう）
軽（い）↓傷

14 ウ（さんちょう）
山（の）↓頂

15 エ（ざいたく）
在（いる）↑宅（家に）

16 ウ（こくほう）
国（の）↓宝

17 エ（のうぜい）
納（める）↑税（を）

18 イ（かち）
どちらも「あたい」の意味。

19 ウ（こじょう）
古（い）↓城

20 ウ（わかもの）
若（い）↓者（人）

□ 21 恩人
□ 22 車窓
□ 23 得失
□ 24 永久
□ 25 歌詞
□ 26 敬意
□ 27 順延
□ 28 豊富

21 ウ（おんじん）
恩（になった）↓人

22 ウ（しゃそう）
車・列車（の）↓窓

23 ア（とくしつ）
得（る）↕失（う）

24 イ（えいきゅう）
どちらも「時間が長い」の意味。

25 ウ（かし）
歌（の）↓詞（ことば）

26 ウ（けいい）
敬（尊敬する）↓意（気持ち）

27 ウ（じゅんえん）
順（に）↓延（ばす）

28 イ（ほうふ）
どちらも「たくさんある」という意味。

□ 29 収支
□ 30 問答
□ 31 郷里
□ 32 降車
□ 33 退席
□ 34 半熟
□ 35 翌日
□ 36 破損

29 ア（しゅうし）
収（入）↕支（出）

30 ア（もんどう）
問（い）↕答（え）

31 イ（きょうり）
どちらも「ふるさと」の意味。

32 エ（こうしゃ）
降（りる）↑車（を）

33 エ（たいせき）
退（く）↑席（を）

34 ウ（はんじゅく）
半（分）↓熟（している）

35 ウ（よくじつ）
翌（その次の）↓日

36 イ（はそん）
どちらも「こわす」の意味。

頻出度
B
ランク

同じ読みの漢字①

目標時間 18分

1回目 ／36

2回目 ／36

● 次の――線のカタカナを漢字になおしなさい。

1 映画の一シーンを再ゲンする。
2 飲食物の持ち込みはゲン禁だ。
3 夏休みに高ゲンへ旅行する。
4 太って、医者にゲン量をすすめられた。
5 セイ火台の点灯を見守る。
6 野生動物はセイ存競争が激しい。
7 父のセイ春時代の話を聞く。
8 ユウ良な作品に賞をあたえる。
9 作物にユウ害な虫を駆除する。
10 ユウ送でお中元を送る。

解答
1 現 辞
2 厳 辞
3 原
4 減 辞
5 聖 辞
6 生
7 青
8 優 辞
9 有
10 郵

11 交通事故の死ボウ者が減少する。
12 試合に負けて失ボウする。
13 感ゲキのあまりなみだぐむ。
14 進学したら演ゲキ部に入りたい。
15 父は今年でキン続二十年だ。
16 商品の支払いキン額をたずねる。
17 父は心ゾウに持病がある。
18 スピーカーを内ゾウしている。
19 他人にほめられてゾウ長する。
20 本物のようでゾウ花と気づかない。

解答
11 亡
12 望 辞
13 激 辞
14 劇
15 勤 辞
16 金
17 臓
18 蔵 辞
19 増 辞
20 造

□ **21** 神社の石**ダン**を一歩ずつ上がる。
□ **22** 各国の首脳が会**ダン**する。
□ **23** 地球温**ダン**化は国際問題だ。
□ **24** **ケイ**察車両が通り過ぎる。
□ **25** **ケイ**観がすばらしい港を訪ねる。
□ **26** 電車の出る時**コク**を調べる。
□ **27** 兄が留学先から帰**コク**する。
□ **28** 米や麦は**コク**物の一種だ。

21	22	23	24	25	26	27	28
段	談	暖	警	景	刻	国	穀
	辞	辞		辞			辞

□ **29** 小学生用の入場**ケン**を買う。
□ **30** 主**ケン**は国民にある。
□ **31** その画家は多くの大**サク**を残した。
□ **32** 近くの森林公園を散**サク**する。
□ **33** 喜びを全**シン**で表現する。
□ **34** 方位磁**シン**が東を指した。
□ **35** 申込書をメールで送**シン**する。
□ **36** 前**シン**するか後退するか迷う。

29	30	31	32	33	34	35	36
券	権	作	策	身	針	信	進
辞		辞	辞		辞		

意味をCheck!

1 再現…ふたたびあらわれること。
2 厳禁…きびしく禁止すること。
4 減量…重さや分量が減ること、減らすこと。体重を減らすこと。
5 聖火台…スポーツを行う競技場などで、聖火を燃やし続ける台。
8 優良…ほかのものにまさってよいこと。
12 失望…望みを失うこと。当てが外れて、がっかりすること。
13 感激…強く心が動かされて、気持ちがたかぶること。
15 勤続…同じところに長い間勤め続けること。
18 内蔵…内部に持っていること。
19 増長…つけあがること。
22 会談…会って話し合いをすること。
23 温暖化…地球全体の平均気温が上がる現象のこと。
25 景観…すばらしい風景や景色のこと。
28 穀物…種子を食用とする農作物で、多くは人間の主食とされるもの。米、麦、とうもろこしなど。
29 入場券…何らかの制限がかけられた場所に入るための券。
31 大作…力のこもったすぐれた作品。
32 散策…ぶらぶらと目的もなく歩くこと。
34 方位磁針…磁石の作用を用いて方位を知るための道具。

頻出度 B ランク

書き取り①

目標時間 22分

1回目 ／44

2回目 ／44

● 次の——線のカタカナを漢字になおしなさい。

1 キケン信号を見落としてはならない。
2 土日は営業時間をエンチョウする。
3 一年前のエイゾウがテレビで流れる。
4 スナが目に入って痛い。
5 タテと横の長さを測る。
6 番組についてヒヒョウする。
7 森の中にイズミがわいていた。
8 セがのびて母の身長をこした。
9 今は二人の意見がコトなることが問題だ。
10 水玉モヨウのカーテンをかける。

解答

1 危険
2 延長
3 映像
4 砂
5 縦
6 批評 辞
7 泉
8 背
9 異
10 模様

11 人間のカチはその人の努力しだいだ。
12 ワカモノたちの活躍（やく）に期待する。
13 目的地までのウンチンを調べる。
14 スイカを二つにワる。
15 チイキ別に下校する。
16 時間の計算をアヤマる。
17 要点だけをカンケツに説明する。
18 オンセンにつかって疲（つか）れをとる。
19 先祖をウヤマう心を大切にする。
20 コピーしたマイスウを確認する。

解答

11 価値
12 若者
13 運賃
14 割
15 地域
16 誤
17 簡潔 辞
18 温泉
19 敬
20 枚数

☐ **21** 日本橋から京都に**イタ**る道をたどる。

☐ **22** マッサージで**キンニク**の疲(つか)れをいやす。

☐ **23** コーヒーよりも**コウチャ**が好きだ。

☐ **24** **キョウリ**の母から小包が届く。

☐ **25** **マイバン**母の肩(かた)をたたくのが日課だ。

☐ **26** 真綿に**ハリ**を包む

☐ **27** **カイダン**を下りると玄(げん)関に出た。

☐ **28** 試合は日曜日に**エンキ**された。

☐ **29** 図書館では本を十**サツ**借りられる。

☐ **30** 農家で**カイコ**を育てる。

☐ **31** 台風の**タイサク**を立てる。

☐ **32** **コウソウ**ビルが建ち並ぶ。

☐ **33** **カンゴ**学校に入学する。

☐ **34** 目に**ウツ**る風景を焼きつけておきたい。

21 至
22 筋肉
23 紅茶
24 郷里 辞
25 毎晩
26 針
27 階段
28 延期 辞
29 冊
30 蚕
31 対策
32 高層
33 看護
34 映

☐ **35** わたしは**スイリ**小説が大好きだ。

☐ **36** 馬に乗りながら弓で的を**イ**る。

☐ **37** リトマス試験紙が青く**ソ**まる。

☐ **38** **ワタシ**あての手紙が届いた。

☐ **39** 舞(ぶ)台の**マク**が上がった。

☐ **40** ひな人形を一つずつ**ナラ**べる。

☐ **41** 五月は**ワカバ**の美しい季節だ。

☐ **42** **ドヒョウ**の上で名勝負が行われる。

☐ **43** 市民の**ケンリ**を守る。

☐ **44** バイオリンを**ドクソウ**する。

35 推理
36 射
37 染
38 私
39 幕
40 並
41 若葉
42 土俵
43 権利 辞
44 独奏 辞

意味をCheck!

6 批評…ものごとの是非や善悪などを指摘して、自分の意見を述べること。

17 簡潔…短くよくまとまっている様子。

24 郷里…ふるさと。自分が生まれ育った場所。

28 延期…予定の期日や期限をのばすこと。

43 権利…あるものごとを、自分の意志で自由に行ったり、行わなくてよいという資格や能力。他人に要求したりすることができる資格や能力。

44 独奏…ひとりで楽器を演奏すること。

頻出度 C ランク

読み ①

目標時間 22分

1回目 /44

2回目 /44

● 次の――線の**漢字の読み**を**ひらがな**で答えなさい。

☐ **1** 友人と仮装パーティーをした。

☐ **2** 早急に処置をする必要がある。

☐ **3** 服装の乱れをただす。

☐ **4** 謝れば済むと思うな。

☐ **5** 純真な心を育てる絵本を読む。

☐ **6** みかんは温暖な地方にできる。

☐ **7** 階段で転び、打ったひざが痛む。

☐ **8** 国会議事堂を背景に集合写真をとる。

☐ **9** 物事を単純に考えすぎる。

☐ **10** 海外の学校を視察する。

解答

1 かそう
2 しょち
3 ふくそう
4 す
5 じゅんしん
6 おんだん
7 いた
8 はいけい
9 たんじゅん
10 しさつ

☐ **11** 店の規模を縮小する。

☐ **12** 部活引退後は勉強に専念する。

☐ **13** 雲が切れ、たちまち視界が開ける。

☐ **14** 美しい映像に目をうばわれる。

☐ **15** 神秘的に輝く(かがや)オーロラを見た。

☐ **16** 毎日、帰宅時間を母に知らせている。

☐ **17** 学生割引の特典がある。

☐ **18** 料理の分担を決める。

☐ **19** 仕事よりも家庭を優先する。

☐ **20** うそを言っているのではないかと疑う。

解答

11 きぼ
12 せんねん
13 しかい
14 えいぞう
15 しんぴてき
16 きたく
17 わりびき
18 ぶんたん
19 ゆうせん
20 うたが

21 縦と横の長さを測る。
22 無理を承知でお願いする。
23 ピアノとバイオリンの合奏を聞く。
24 陸上大会で大記録を樹立した。
25 改装工事に二週間かかる。
26 人気絶頂の役者が主演する。
27 毎晩よく夢を見る。
28 箱根で遊覧船に乗る。
29 身の危険を感じてとっさに逃(に)げる。
30 数十人が大臣の警護にあたる。
31 休日には野山を散策する。
32 ゴール寸前で追い抜(ぬ)き一位になる。
33 話し合いの場所を提供する。
34 体調不良で早退する。

21 たて
22 しょうち 辞
23 がっそう
24 じゅりつ 辞
25 かいそう
26 ぜっちょう 辞
27 まいばん
28 ゆうらん 辞
29 きけん
30 けいご 辞
31 さんさく
32 すんぜん 辞
33 ていきょう
34 そうたい

35 城の天守閣から町を見渡(わた)す。
36 話の筋道が通っていない。
37 天体の神秘にせまる。
38 友人達に自作の小説を回覧した。
39 失業者の救済に努める。
40 事故により交通機関が混乱する。
41 とりあえずテープで補強する。
42 平安時代の絵巻物が公開される。
43 紅葉の時期はいちょう並木が美しい。
44 父の背中を見て育つ。

35 てんしゅかく 辞
36 すじみち
37 しんぴ
38 かいらん
39 きゅうさい
40 こんらん
41 ほきょう 辞
42 えまきもの 辞
43 なみき
44 せなか

意味をCheck!

22 承知…知っていること。依頼などを聞き入れること。
24 樹立…これまでになかったようなことを打ち立てること。
26 絶頂…山の頂上。物事が最高であること。
28 遊覧…見物してまわること。
30 警護…危険のないように、よく注意して守ること。
32 寸前…ほんの少し前。
35 天守閣…城の中心（＝本丸）にある高いやぐら。
41 補強…弱い部分やたりない部分をおぎなって強くすること。
42 絵巻物…物語や伝説などを絵と文で表し、巻き物にしたもの。

頻出度 **C** ランク

読み②

●次の——線の漢字の読みをひらがなで答えなさい。

目標時間 22分

1回目 /44

2回目 /44

☐ **1** 一か月分の定期券を買う。

☐ **2** おなかいっぱいごちそうを頂く。

☐ **3** 小さな図を拡大コピーする。

☐ **4** 郷土料理を母に習う。

☐ **5** 必要な資料を収集する。

☐ **6** プロ野球の開幕戦のチケットを買う。

☐ **7** 駅前で署名運動をする。

☐ **8** 将来有望な若者の入社を期待する。

☐ **9** 土砂（しゃ）くずれで道路が寸断される。

☐ **10** スポーツ大会の開会を宣言する。

解答

1 ていきけん
2 いただ
3 かくだい
4 きょうど
5 しゅうしゅう
6 かいまく
7 しょめい 辞
8 しょうらい
9 すんだん 辞
10 せんげん

☐ **11** 英語の通訳をお願いする。

☐ **12** 展望台から東京の夜景を見る。

☐ **13** 秘境をめぐるツアーに参加する。

☐ **14** いつかジャングルを探検してみたい。

☐ **15** チラシを使って店の宣伝をする。

☐ **16** 半熟卵をラーメンに入れる。

☐ **17** 朝から晩まで死にものぐるいで働く。

☐ **18** 素（す）手でかわらを割ることができる。

☐ **19** 議論して会の方向性を決定する。

☐ **20** 牛乳と卵でプリンを作る。

解答

11 つうやく
12 てんぼうだい
13 ひきょう
14 たんけん
15 せんでん
16 はんじゅく
17 ばん
18 わ
19 ぎろん
20 ぎゅうにゅう

□21 主将を先頭に行進する。
□22 選挙の結果を推測する。
□23 食料品を長期間、貯蔵する。
□24 若い画家が個展を開いた。
□25 灰皿を持ってくる。
□26 意見は多少にかかわらず尊重する。
□27 世界を相手に奮戦する。
□28 三歳（さい）から幼児教育を受ける。
□29 個人情報は厳重に取りあつかう。
□30 片道分だけきっぷを買う。
□31 春になり新色の口紅が発売される。
□32 イチゴのなえを株分けする。
□33 巻末のさくいんで語句をさがす。
□34 年上の人には敬語を使って話す。

21 しゅしょう
22 すいそく
23 ちょぞう 辞
24 こてん
25 はいざら
26 そんちょう
27 ふんせん
28 ようじ
29 げんじゅう 辞
30 かたみち
31 くちべに
32 かぶわ
33 かんまつ
34 けいご

□35 花火見物の穴場を見つけた。
□36 会員全員に投票する権利がある。
□37 髪（かみ）の毛をたばねて後ろへ垂らす。
□38 音楽会ではピアノを担当する。
□39 糖分をおさえたクッキーを食べる。
□40 この高原は高山植物の宝庫だ。
□41 大臣がヨーロッパを歴訪する。
□42 官庁は国の仕事をする役所だ。
□43 百分の一の縮尺にした見取り図を配る。
□44 将来は美容の専門分野に進みたい。

35 あなば 辞
36 けんり
37 た
38 たんとう
39 とうぶん
40 ほうこ 辞
41 れきほう 辞
42 かんちょう
43 しゅくしゃく 辞
44 せんもん

意味をCheck!

7 **署名**…自分の名を書き記すこと。
9 **寸断**…こまかくずたずたに切ること。
23 **貯蔵**…たくわえておくこと。
29 **厳重**…非常にきびしいようす。
35 **穴場**…一般の人にあまり知られていない、いい場所、適したところ。

40 **宝庫**…すぐれた物や役立つものがたくさんあるところ。
41 **歴訪**…いろいろな土地や人を次々と訪ねること。
43 **縮尺**…地図上と実際の長さの比。

頻出度 C ランク

読み③

● 次の――線の**漢字の読み**を**ひらがな**で答えなさい。

1 人気の野球選手が引退した。

2 実験結果を班ごとにまとめる。

3 綿密な打ち合わせを重ねる。

4 幼虫がやがてサナギになる。

5 運動をしているので筋力には自信がある。

6 あの学校は情操教育で知られる。

7 エジプトの秘宝が展示される。

8 昔は養蚕で知られた町だ。

9 党首会談の様子が放送される。

10 委員長案は否決された。

解答

1 いんたい
2 はん
3 めんみつ
4 ようちゅう
5 きんりょく
6 じょうそう 辞
7 ひほう
8 ようさん
9 とうしゅ
10 ひけつ

11 片足でバランスをとる。

12 感激で胸がいっぱいになる。

13 楽団を率いる指揮者に拍手（はく）をおくる。

14 富士ひとつうずみ残して若葉かな

15 水車の心棒が折れてしまった。

16 年に一度ピアノの調律をする。

17 学校への道筋にだがし屋がある。

18 市場から魚を冷蔵で運ぶ。

19 紅ざけの切り身を買う。

20 日本各地に国宝の建造物がある。

解答

11 かたあし
12 かんげき
13 しきしゃ
14 わかば 辞
15 しんぼう 辞
16 ちょうりつ 辞
17 みちすじ
18 れいぞう
19 べに
20 こくほう 辞

目標時間 22分

1回目 /44

2回目 /44

☐ 21 校内美化活動の推進をはかる。
☐ 22 雨具は重要な装備の一つである。
☐ 23 多くの人が尊敬の念をいだいた。
☐ 24 市の展覧会に出品する。
☐ 25 鉄道模型が店内を走る。
☐ 26 勇気を出して学級委員に立候補する。
☐ 27 録画したものをスクリーンに映す。
☐ 28 沿道の人びとに手をふりながら走る。
☐ 29 実行できるかどうか検討する。
☐ 30 となりの学校と親善球技大会を行う。
☐ 31 太陽系の起源をさぐる。
☐ 32 結論は持ちこしとなった。
☐ 33 一寸は約三・〇三センチにあたる。
☐ 34 その会場の座席数は日本最大級だ。

21 すいしん
22 そうび
23 そんけい
24 てんらんかい
25 もけい
26 りっこうほ
27 うつ
28 えんどう
29 けんとう 辞
30 しんぜん 辞
31 たいようけい
32 けつろん
33 いっすん
34 ざせき

☐ 35 地下鉄を北の方向へ延ばす計画だ。
☐ 36 難しい質問にいとも簡単に答える。
☐ 37 町を紹介（しょうかい）する冊子を作成している。
☐ 38 宝船がえがかれた手ぬぐいをもらう。
☐ 39 賛否両論の議論が続く。
☐ 40 母は看護師として働いている。
☐ 41 山では空模様が急変する。
☐ 42 その発言で一気に座が白けた。
☐ 43 裁判官の話を聞く。
☐ 44 列車の車窓から海が見える。

35 の
36 むずか
37 さっし 辞
38 たからぶね
39 さんぴ 辞
40 かんごし
41 そらもよう
42 ざ
43 さいばんかん
44 しゃそう

意味をCheck!

6 情操…社会的価値を帯びた、複雑で高次な感情。
14 富士ひとつうずみ残して若葉かな…与謝蕪村（よさぶそん）の俳句。
15 心棒…車やこまなどの回転する物の中心となる棒。活動の中心となるもの。
16 調律…楽器の音の高さを一定の音の調子にととのえること。
20 国宝…国の宝として国が指定し保護しているものや建物。
29 検討…調べてよく考えること。
30 親善…たがいに仲よくすること。
37 冊子…とじてあるうすい本。
39 賛否両論…賛成と不賛成という二つの異なる主張。

頻出度 C ランク

読み④

目標時間 22分

1回目 ／44

2回目 ／44

● 次の――線の**漢字の読みをひらがな**で答えなさい。

□ 1 友達のことを思って忠告する。
□ 2 貴重品を預かる。
□ 3 校舎の大規模な改修が始まる。
□ 4 私が幼少のころにかいた絵だ。
□ 5 ストレッチをして首筋のこりをほぐす。
□ 6 公衆の面前で演説するのは苦手だ。
□ 7 水が蒸発して気温が下がる。
□ 8 二日間で集中して討議する。
□ 9 探査機の打ち上げにいどむ。
□ 10 鉄筋コンクリートの建物が並ぶ。

解答

1 ちゅうこく 辞
2 あず
3 だいきぼ
4 ようしょう
5 くびすじ
6 こうしゅう
7 じょうはつ
8 とうぎ 辞
9 たんさき
10 てっきん

□ 11 私鉄の沿線で住まいを探す。
□ 12 心臓がばくばくと音を立てる。
□ 13 四月からは他の部署に異動になる。
□ 14 今、頭脳ゲームが人気だ。
□ 15 悲劇が再び起こらないよう願う。
□ 16 おじは県庁で働いている。
□ 17 鉄棒で逆上がりをする。
□ 18 宝石の光がまばゆい。
□ 19 音楽雑誌を毎月買っている。
□ 20 新しい政党を支持する。

解答

11 えんせん 辞
12 しんぞう
13 ぶしょ
14 ずのう
15 ひげき
16 けんちょう
17 てつぼう
18 ほうせき
19 ざっし
20 せいとう

□ **21** 立方体の展開図をかく。
□ **22** 食べ過ぎて満腹だ。
□ **23** 愛用の時計は父の遺品だ。
□ **24** 誤解をあたえるような発言をした。
□ **25** 大至急お願いします。
□ **26** あの力士は胸囲が百五十センチだ。
□ **27** 筋肉が発達した体つきだ。
□ **28** はたおり機に縦糸をはる。
□ **29** 会は存続の危機に立たされた。
□ **30** それは医学の領域の問題だ。
□ **31** 現場で指揮をとるのは私だ。
□ **32** 子供の誕生を記念して植樹する。
□ **33** テレビの電源を切る。
□ **34** 事業方針を表明する。

21 てんかいず 辞
22 まんぷく
23 いひん 辞
24 ごかい
25 しきゅう
26 きょうい
27 きんにく
28 たていと
29 そんぞく
30 りょういき
31 しき
32 しょくじゅ 辞
33 でんげん
34 ほうしん 辞

□ **35** 思いもかけぬ人の訪問をうける。
□ **36** あばら骨を骨折する。
□ **37** はちみつを砂糖のかわりに使う。
□ **38** 旅行にかかったお金の内訳を書く。
□ **39** おなかの片側だけが痛い。
□ **40** ボートをうまく操縦する。
□ **41** 庭に除草剤をまく。
□ **42** 計画は宙にういてしまった。
□ **43** 父は消化器系が弱い。
□ **44** 自己満足で終わらせたくない。

35 ほうもん
36 こっせつ
37 さとう
38 うちわけ 辞
39 かたがわ
40 そうじゅう
41 じょそう
42 ちゅう 辞
43 けい
44 じこ

意味をCheck!

1 忠告…まごころをもって相手に注意すること。
8 討議…意見を出して話し合うこと。
11 沿線…鉄道の線路に沿ったところ、地域。
21 展開図…多面体を辺にそって切り開いた平面図形。

23 遺品…死んだ人が残した品物。
32 植樹…樹木を植えること。
34 方針…物事や計画を実行する際の、おおまかな方向のこと。
38 内訳…費用や内容などを種類ごとに分けたもの。
42 宙にうく…物事が中途半端なままである。

頻出度 C ランク

読み⑤

目標時間 22分

1回目 /44

2回目 /44

●次の――線の**漢字の読み**を**ひらがな**で答えなさい。

1 事務仕事の処理の手ぎわがよい。
2 雨が降りそうなので窓を閉める。
3 祖父母はいなかで暮らしている。
4 書類を郵送する。
5 操作が簡単な機種を選ぶ。
6 先生は私にとって特別な存在だ。
7 磁石を使って砂鉄を集める。
8 今日は古新聞の回収日だ。
9 父は経済学を学んだそうだ。
10 新プロジェクトが後退してしまった。

解答

1 しょり 辞
2 し
3 く
4 ゆうそう
5 かんたん
6 そんざい
7 じしゃく
8 かいしゅう
9 けいざいがく
10 こうたい

11 選挙の候補者が演説する。
12 話し合いで出た意見を反映する。
13 ガソリンを車に補給する。
14 花びんを和紙で包装する。
15 夜歩くときは反射材を服につける。
16 成熟した大人のふるまいを見せる。
17 生物の進化の系統図を調べる。
18 いよいよ裁判が始まる。
19 卒業の曲を作詞することになった。
20 段落の中の大切なかしょに線を引く。

解答

11 こうほしゃ
12 はんえい 辞
13 ほきゅう
14 ほうそう 辞
15 はんしゃ
16 せいじゅく
17 けいとうず
18 さいばん
19 さくし
20 だんらく

☐ 21 脳の働きは複雑に思える。
☐ 22 兄は背泳ぎの名選手だ。
☐ 23 両家は密接な関係にある。
☐ 24 想像もしない展開になった。
☐ 25 昔見た歌劇が再演される。
☐ 26 文章の骨子を理解する。
☐ 27 独創的なアイデアが評価された。
☐ 28 駅前では建物の高層化が進む。
☐ 29 犬が寒さに身を縮めている。
☐ 30 中心から垂直に線を引く。
☐ 31 星にまつわる物語を創作する。
☐ 32 乳歯がぬけて生え変わる。
☐ 33 翌日の新聞に記事がのる。
☐ 34 父が勤務している会社だ。

21 のう
22 せおよ
23 みっせつ 辞
24 てんかい
25 かげき 辞
26 こっし
27 どくそうてき
28 こうそうか
29 ちぢ
30 すいちょく
31 そうさく 辞
32 にゅうし
33 よくじつ
34 きんむ

☐ 35 発熱した子供を看護する。
☐ 36 尺八は竹で作られた縦笛だ。
☐ 37 後ろ足で砂をかけるような行いだ。
☐ 38 質疑応答の時間をもうける。
☐ 39 よい方策が見つからない。
☐ 40 季節ごとに咲く樹木の花を楽しむ。
☐ 41 将軍の地位を退く。
☐ 42 山頂で記念写真をとる。
☐ 43 除夜のかねの音が聞こえる。
☐ 44 有名な画家の絵を模写する。

35 かんご
36 たてぶえ
37 すな 辞
38 しつぎ 辞
39 ほうさく
40 じゅもく
41 しりぞ
42 さんちょう
43 じょや
44 もしゃ

意味をCheck!

1 処理…仕事をさばいてしめくくること。
12 反映…ほかにえいきょうがあらわれること。
14 包装…物を包むこと。そのうわづつみ。
23 密接…つながりが強い様子。
25 歌劇…オペラ。音楽による劇作品。ヨーロッパで発展した。

31 創作…初めて新しいものを作り出すこと。
37 後ろ足で砂をかける…相手から受けた恩に対して相応のことを返すどころか、去りぎわにさらにめいわくをかける。
38 質疑応答…質問とその回答。

頻出度 C ランク

読み⑥

目標時間 22分

1回目 /44

2回目 /44

● 次の——線の**漢字の読み**を**ひらがな**で答えなさい。

1 市民の納税の意識が高まる。
2 妹は姉の行動を批判する。
3 我先に海にとびこむ。
4 春は寒暖の差が激しい。
5 容器から水蒸気を外へにがす。
6 調和を乱すことはつつしむ。
7 店の看板メニューは魚料理だ。
8 祖父が無事、退院した。
9 医は仁術といわれる。
10 赤潮の発生地域は拡大している。

解答

1 のうぜい
2 ひはん 辞
3 われさき
4 かんだん
5 すいじょうき
6 みだ
7 かんばん
8 たいいん
9 じんじゅつ
10 あかしお 辞

11 練習は軽い体操から始まる。
12 人口増が村の発展につながる。
13 立派な口ひげを生やした男がいる。
14 遺志をついで社長の座につく。
15 岩石や地層について学ぶ。
16 母の故郷を訪ねる。
17 お正月は参拝客でにぎわう。
18 鉄が磁気を帯びる。
19 鉄骨づくりの家に住む。
20 まちがった情報が拡散する。

解答

11 たいそう
12 はってん
13 りっぱ
14 いし 辞
15 ちそう
16 こきょう
17 さんぱい 辞
18 じき 辞
19 てっこつ
20 かくさん

21 改正案が閣議決定された。
22 あちこちにごみが散乱している。
23 山の頂上から初日の出を拝む。
24 雑誌の別冊が発行される。
25 市の野球連盟に加入する。
26 湖を遊覧船で観光する。
27 気持ちのよい若者たちと接する。
28 大学三年から就職活動を始める。
29 物干しざおが高くて届かない。
30 会議で異論をとなえる人が続出した。
31 日本語の起源について研究する。
32 太い棒を地面に打ちこむ。
33 命が縮まる思いをした。
34 一人で軽装で山に登ったらしい。

21 かくぎ 辞
22 さんらん 辞
23 ちょうじょう
24 べっさつ
25 れんめい
26 ゆうらんせん
27 わかもの
28 しゅうしょく
29 ものほ
30 いろん
31 きげん 辞
32 ぼう
33 ちぢ
34 けいそう 辞

35 俵の形におにぎりを作る。
36 両国の関係改善に努める。
37 音楽会の後片付けをする。
38 賃金の安い仕事を受ける。
39 祖父は俳人として名高い。
40 先生に書類を届ける。
41 自分の役割を理解する。
42 温泉の湯けむりが見える。
43 郵便局で速達を出す。
44 選考で候補がしぼられる。

35 たわら
36 かいぜん
37 あとかたづ
38 ちんぎん
39 はいじん
40 とど
41 やくわり
42 おんせん
43 ゆうびん
44 こうほ

意味をCheck!

2 批判…物事のよしあしについて検討し、判断・評価すること。
10 赤潮…プランクトンが異常に増えて、海水が赤茶色になる現象。
14 遺志…死んだ人が生きているときにいだいていた望み。
17 参拝…神社や寺におまいりすること。

18 磁気…鉄を引きつけるなど、磁石特有の性質。
21 閣議…大臣が集まって開く会議。
22 散乱…あたり一面に散らばること。
31 起源…物事の起こり。始まり。
34 軽装…身軽な服装。

頻出度 C ランク

読み ⑦

目標時間 22分

1回目 ／44

2回目 ／44

● 次の――線の**漢字の読み**を**ひらがな**で答えなさい。

☐ 1 火事や地震(しん)に備える。

☐ 2 大会の参加者は一千人と推定する。

☐ 3 針葉樹の林を散策する。

☐ 4 画像のサイズを縮小する。

☐ 5 友人は時に利己的な態度をとる。

☐ 6 相手の要求を退ける。

☐ 7 次の試合に意欲がわく。

☐ 8 郷土の芸能を伝承する。

☐ 9 お年玉を預金した。

☐ 10 部屋の片すみにくつ下が転がっていた。

解答

1 そな
2 すいてい 辞
3 しんようじゅ
4 しゅくしょう 辞
5 りこ
6 しりぞ
7 いよく
8 でんしょう 辞
9 よきん
10 かた

☐ 11 展覧会のための作品を作る。

☐ 12 縦書きの便せんを使う。

☐ 13 火星への探査を目指す。

☐ 14 先生に恩返しがしたい。

☐ 15 映画の前売り券を買う。

☐ 16 米俵をかたにかつぐ。

☐ 17 基本的人権を守る。

☐ 18 兄の推理には説得力がある。

☐ 19 星座にまつわる神話を紹介(しょうかい)する。

☐ 20 飛行機は定刻に出発した。

解答

11 てんらん
12 たてが
13 たんさ 辞
14 おんがえ
15 けん
16 こめだわら
17 じんけん 辞
18 すいり
19 せいざ
20 ていこく 辞

☐ **21** 視力検査の結果は良かった。
☐ **22** 角を曲がると警察署がある。
☐ **23** 相手に負担をかけたくない。
☐ **24** 観覧車を待つ人の列が続く。
☐ **25** ストーブで手を暖める。
☐ **26** 衆議院の選挙が行われる。
☐ **27** 合格の朗報が届いた。
☐ **28** 川沿いの料理店が人気だ。
☐ **29** 臓器の提供で命をつなぐ。
☐ **30** 台風の後で野菜が値上がりした。
☐ **31** 自分の実力のなさを痛感する。
☐ **32** 息を吸い、肺をふくらませる。
☐ **33** 声優になるためにのどを大切にする。
☐ **34** 歴史に関する劇を見た。

21 しりょく
22 けいさつしょ
23 ふたん
24 かんらんしゃ
25 あたた
26 しゅうぎいん
27 ろうほう 辞
28 かわぞ
29 ぞうき
30 ねあ
31 つうかん
32 はい
33 せいゆう
34 げき

☐ **35** ここは立ち入り禁止区域だ。
☐ **36** 優勝して王座を獲得した。
☐ **37** 石段を上がるとお寺がある。
☐ **38** 体操競技で宙返りを決める。
☐ **39** 本から知識を吸収する。
☐ **40** 夫婦で果樹園を営む。
☐ **41** 背筋をのばして話を聞く。
☐ **42** 出勤後に忘れ物に気がついた。
☐ **43** 古代文明の源流をたどる。
☐ **44** 試験中は私語をしてはいけない。

35 くいき
36 おうざ
37 いしだん
38 ちゅうがえ
39 きゅうしゅう
40 かじゅえん
41 せすじ
42 しゅっきん
43 げんりゅう 辞
44 しご

意味をCheck!

2 推定…おしはかってすすめること。
4 縮小…ちぢめて小さくすること。
8 伝承…古くからの風習や芸能、しきたりなどを受けついで伝えていくこと。
13 探査…知られていないことを、さぐり調べること。

17 人権…人間が人間として持っている権利。
20 定刻…決められた時刻。
27 朗報…明るい知らせ。喜ばしい知らせ。
43 源流…川のみなもととなる流れ。物事の起こり、始まり。

頻出度
C
ランク

読み⑧

目標時間 22分

1回目 ／44

2回目 ／44

● 次の——線の**漢字の読み**を**ひらがな**で答えなさい。

1 次の人に回覧板をわたす。

2 今年の夏は平年並みの暑さだ。

3 店でつり銭を受け取る。

4 恩師へ感謝の気持ちを伝える。

5 警官が交通整理に当たる。

6 食堂で食券を買う。

7 新しい担任の先生を紹介（しょうかい）する。

8 昨晩は父の帰りがおそかった。

9 反則をおかして退場する。

10 炭俵はカヤなどで作られる。

解答

1 かいらんばん
2 な
3 せん
4 おんし 辞
5 けいかん
6 しょっけん
7 たんにん
8 さくばん
9 たいじょう
10 すみだわら 辞

11 雲の切れ間から山々が雄姿を現す。

12 アマゾンの密林を探検したい。

13 その劇場は古くからある。

14 その作家の晩年はさびしいものだった。

15 毎日、日誌を書かなくてはならない。

16 難度の高い技を練習する。

17 何事にも疑問を持つのは大切だ。

18 冬至にかぼちゃを食べた。

19 暖流は周りの海水より温度が高い。

20 電車のドアが閉まる。

解答

11 ゆうし
12 みつりん
13 げきじょう
14 ばんねん
15 にっし
16 なんど
17 ぎもん
18 とうじ 辞
19 だんりゅう
20 し

21 紅白に分かれて戦う。
22 敬老の日に祖父母にプレゼントをする。
23 人気画家の作品展が開かれている。
24 自分の部屋を片づける。
25 目先の違(ちが)いにとらわれ本質を見誤る。
26 祖母に親孝行をしなさいと言われた。
27 船が沿岸に向かって進む。
28 幼なじみは大切な存在だ。
29 裏山にはたくさんの植物がある。
30 宇宙船で旅をする映画を見た。
31 火災を仮想して訓練を行う。
32 将来は俳優になりたい。
33 主君に忠誠をちかう。
34 背筋が寒くなるようなこわい話だ。

21 こうはく
22 けいろう 辞
23 さくひんてん
24 かた
25 みあやま
26 おやこうこう
27 えんがん
28 おさな
29 うらやま
30 うちゅうせん
31 かそう 辞
32 はいゆう
33 ちゅうせい 辞
34 せすじ

35 経済的に苦しい家庭を助ける。
36 食事は活力の源泉だ。
37 病院で薬を処方してもらう。
38 北海道を縦断するのが夢だ。
39 原寸大の模型を作る。
40 生徒会長の補佐をする。
41 一筋縄ではいかない問題だ。
42 紅茶にレモンを入れて飲む。
43 力を合わせて困難に立ち向かう。
44 昨夜から歯が痛む。

35 けいざい
36 げんせん 辞
37 しょほう
38 じゅうだん
39 げんすんだい
40 ほさ
41 ひとすじなわ
42 こうちゃ
43 こんなん
44 いた

意味をCheck!

4 恩師…教えを受けた先生。師に対して敬意を表す語。
10 炭俵…炭を入れる俵のこと。ワラやカヤなどで作られた。現在ではほとんど使われることがなくなっている。
18 冬至…二十四節気の一つで、一年の中で昼が最も短くなる日。

22 敬老…老人をうやまうこと。
31 仮想…実際にはない物事を、仮にあると考えてみること。仮定して想像すること。
33 忠誠…自分の君主や主人などに対してつくす正直な心。
36 源泉…水がわきでるもと。ある物や物事が発生してくるもと。

頻出度 C ランク

部首と部首名①

目標時間 11分

1回目 ／22

2回目 ／22

● 次の 1 2 のそれぞれについて、漢字の**部首**を上の□の中の「あ〜さ」から、**部首名**を下の□の中の「ア〜サ」から選び、**記号**で答えなさい。

1

1 腸
2 探
3 裏
4 晩
5 宙
6 党
7 詞

解答

	1	2	3	4	5	6	7
部首	う	く	こ	い	け	か	さ
部首名	ア	エ	ケ	ク	イ	キ	サ

2

12 頂
13 討
14 若
15 障
16 装
17 異
18 展

解答

	12	13	14	15	16	17	18
部首	え	こ	さ	う	き	け	か
部首名	ア	コ	サ	カ	キ	イ	オ

☐8 鋼　☐9 遺　☐10 絹　☐11 暮

部首 ☐ ☐ ☐ ☐

部首名 ☐ ☐ ☐ ☐

あ日　い日　う月　え辶　お糸　か儿　き金
く扌　け宀　こ衣　さ言

ア にくづき
イ うかんむり
ウ ひ
エ てへん
オ かねへん
カ いとへん
キ ひとあし　にんにょう
ク ひへん
ケ ころも
コ しんにょう　しんにゅう
サ ごんべん

	8	9	10	11
部首	き	え	お	あ
部首名	オ	コ	カ	ウ

☐19 脳　☐20 覧　☐21 貴　☐22 推

部首 ☐ ☐ ☐ ☐

部首名 ☐ ☐ ☐ ☐

あ扌　い貝　う阝　え頁　お見　か尸　き衣
く月　け田　こ言　さ艹

ア おおがい
イ た
ウ かい　こがい
エ てへん
オ かばね　しかばね
カ こざとへん
キ ころも
ク にくづき
ケ みる
コ ごんべん
サ くさかんむり

	19	20	21	22
部首	く	お	い	あ
部首名	ク	ケ	ウ	エ

頻出度 C ランク

画数①

目標時間 14分

1回目 ／28

2回目 ／28

● 次の漢字の**赤色の画**のところは**筆順の何画目**か、また**総画数は何画**か、**算用数字**（1、2、3…）で答えなさい。

	漢字	何画目	総画数
1	俵	（　）	［　］
2	卵	（　）	［　］
3	届	（　）	［　］
4	胸	（　）	［　］
5	認	（　）	［　］
6	将	（　）	［　］

解答

	何画目	総画数
1	4	10
2	6	7
3	6	8
4	7	10
5	10	14
6	1	10

	漢字	何画目	総画数
7	裁	（　）	［　］
8	宝	（　）	［　］
9	腸	（　）	［　］
10	敵	（　）	［　］
11	聖	（　）	［　］
12	誠	（　）	［　］

解答

	何画目	総画数
7	7	12
8	6	8
9	11	13
10	6	15
11	6	13
12	8	13

	13	14	15	16	17	18	19	20
	熟	陛	胃	善	装	裏	論	我
何画目	（　）	（　）	（　）	（　）	（　）	（　）	（　）	（　）
総画数	［　］	［　］	［　］	［　］	［　］	［　］	［　］	［　］

	13	14	15	16	17	18	19	20
何画目	10	7	3	9	1	7	13	6
総画数	15	10	9	12	12	13	15	7

	21	22	23	24	25	26	27	28
	蔵	収	灰	穀	難	券	危	片
何画目	（　）	（　）	（　）	（　）	（　）	（　）	（　）	（　）
総画数	［　］	［　］	［　］	［　］	［　］	［　］	［　］	［　］

	21	22	23	24	25	26	27	28
何画目	4	2	2	11	13	6	4	2
総画数	15	4	6	14	18	8	6	4

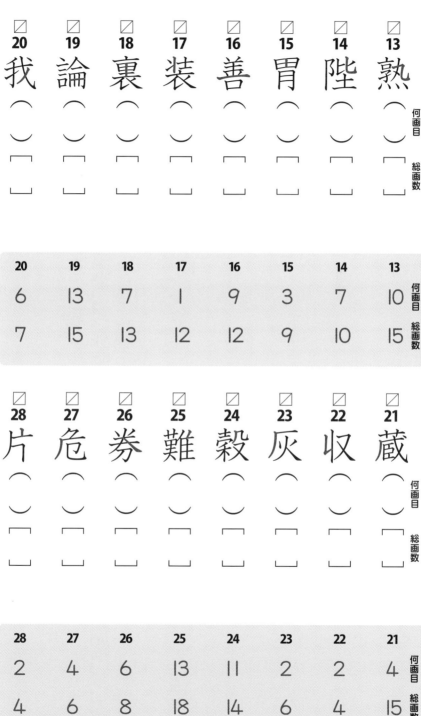

頻出度 **C** ランク

画数②

目標時間 **14**分

1回目 /28

2回目 /28

● 次の漢字の**赤色の画**のところは**筆順の何画目**か、また**総画数は何画**か、**算用数字**（1、2、3…）で答えなさい。

番号	漢字	何画目	総画数
☐ 1	劇	（　）	［　］
☐ 2	推	（　）	［　］
☐ 3	呼	（　）	［　］
☐ 4	源	（　）	［　］
☐ 5	郷	（　）	［　］
☐ 6	従	（　）	［　］

解答

	1	2	3	4	5	6
何画目	9	7	5	4	3	7
総画数	15	11	8	13	11	10

番号	漢字	何画目	総画数
☐ 7	暖	（　）	［　］
☐ 8	冊	（　）	［　］
☐ 9	脳	（　）	［　］
☐ 10	裁	（　）	［　］
☐ 11	尺	（　）	［　］
☐ 12	卵	（　）	［　］

解答

	7	8	9	10	11	12
何画目	11	5	10	11	3	2
総画数	13	5	11	12	4	7

	漢字	何画目	総画数
13	敵	（　）	［　］
14	班	（　）	［　］
15	姿	（　）	［　］
16	灰	（　）	［　］
17	退	（　）	［　］
18	巻	（　）	［　］
19	探	（　）	［　］
20	俵	（　）	［　］

	13	14	15	16	17	18	19	20
何画目	5	6	8	1	4	5	7	3
総画数	15	10	9	6	9	9	11	10

	漢字	何画目	総画数
21	障	（　）	［　］
22	貴	（　）	［　］
23	骨	（　）	［　］
24	専	（　）	［　］
25	宝	（　）	［　］
26	覧	（　）	［　］
27	認	（　）	［　］
28	陛	（　）	［　］

	21	22	23	24	25	26	27	28
何画目	9	4	6	7	5	1	9	9
総画数	14	12	10	9	8	17	14	10

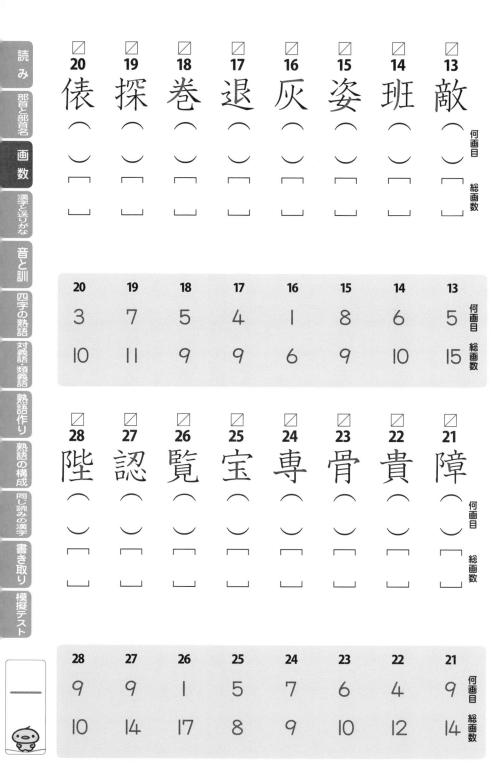

頻出度 C ランク

音と訓①

目標時間 20分

1回目 /40

2回目 /40

● 漢字の読みには**音**と**訓**があります。次の**熟語の読み**は□の中のどの組み合わせになっていますか。ア〜エの**記号**で答えなさい。

ア 音と音　イ 音と訓　ウ 訓と訓　エ 訓と音

1 親潮
2 身分
3 鋼鉄
4 絵巻
5 家賃
6 宇宙
7 演奏
8 呼吸
9 体操
10 幼虫

解答と解説

1 ウ 辞 親潮（おやしお）
2 エ 身分（みブン）
3 ア 辞 鋼鉄（コウテツ）
4 イ 辞 絵巻（エまき）
5 エ 家賃（やチン）
6 ア 辞 宇宙（ウチュウ）
7 ア 辞 演奏（エンソウ）
8 ア 呼吸（コキュウ）
9 ア 体操（タイソウ）
10 ア 幼虫（ヨウチュウ）

11 横顔
12 郷土
13 苦痛
14 通訳
15 麦茶
16 指図
17 若草
18 星座
19 親分
20 出窓

解答と解説

11 ウ 横顔（よこがお）
12 ア 辞 郷土（キョウド）
13 ア 苦痛（クツウ）
14 ア 通訳（ツウヤク）
15 エ 辞 麦茶（むぎチャ）
16 エ 辞 指図（さしズ）
17 ウ 辞 若草（わかくさ）
18 ア 星座（セイザ）
19 エ 辞 親分（おやブン）
20 ウ 出窓（でまど）

25	24	23	22	21
駅前	欲望	沿線	旧型	築城

30	29	28	27	26
両側	指揮	雑誌	著書	洋間

21 ア 築城（チクジョウ） 辞
22 イ 旧型（キュウがた）
23 ア 沿線（エンセン） 辞
24 ア 欲望（ヨクボウ） 辞
25 イ 駅前（エキまえ）
26 イ 洋間（ヨウま） 辞
27 ア 著書（チョショ） 辞
28 ア 雑誌（ザッシ） 辞
29 ア 指揮（シキ） 辞
30 イ 両側（リョウがわ）

35	34	33	32	31
法律	場面	延長	初耳	絵筆

40	39	38	37	36
映像	密集	王様	心臓	冊数

31 イ 絵筆（エふで）
32 ウ 初耳（はつみみ） 辞
33 ア 延長（エンチョウ）
34 エ 場面（ばメン）
35 ア 法律（ホウリツ） 辞
36 ア 冊数（サッスウ）
37 ア 心臓（シンゾウ）
38 イ 王様（オウさま）
39 ア 密集（ミッシュウ） 辞
40 ア 映像（エイゾウ） 辞

意味をCheck!

1 親潮…千島列島から東北地方の太平洋側を北から南へ流れる寒流。
3 鋼鉄…焼ききたえた鉄。「はがね」ともいう。きわめてかたいことのたとえ。
4 絵巻…「絵巻物（えまきもの）」の略で、日本の絵画形式のひとつ。
6 宇宙…すべての天体を含（ふく）む無限の空間の広がりをいう。また、存在する物事のすべてを表すこともある。

7 演奏…音楽をかなでること。楽器をかなでること。
12 郷土…自分が生まれた土地。
15 麦茶…大麦をからのまま炒（い）って煮（に）出した飲み物。
16 指図…言いつけて、させること。
17 若草…芽を出したばかりの草。
19 親分…仲間のかしら。

21 築城…土や石をつみ、城をつくること。
23 沿線…鉄道の線路に沿ったところ、地域。
24 欲望…ほしいと思う気持ち。
26 洋間…西洋風の部屋。
27 著書…書き著（あらわ）した本。
28 雑誌…出版物の一種で、週刊、月間、季刊などがある。

29 指揮…人をまとめて指示をすること。
32 初耳…初めて聞くこと。
35 法律…国家や統治者が制定した規範のこと。
39 密集…すき間もないほどぎっしりと集まっている様子。
40 映像…映画やテレビなどで映し出された動く画像のこと。

頻出度 **C** ランク

音と訓②

目標時間 20分

1回目 /40

2回目 /40

● 漢字の読みには**音**と**訓**があります。次の**熟語の読み**は□の中のどの組み合わせになっていますか。ア〜エの**記号**で答えなさい。

ア 音と音　**イ** 音と訓　**ウ** 訓と訓　**エ** 訓と音

1 客足

2 穀類

3 誠意

4 鉄棒

5 郵便

6 孝行

7 筋力

8 翌日

9 合奏

10 大判

解答と解説

1 イ 客足（キャクあし） 辞

2 ア 穀類（コクルイ） 辞

3 ア 誠意（セイイ） 辞

4 ア 鉄棒（テツボウ）

5 ア 郵便（ユウビン）

6 ア 孝行（コウコウ） 辞

7 ア 筋力（キンリョク）

8 ア 翌日（ヨクジツ）

9 ア 合奏（ガッソウ） 辞

10 エ 大判（おおバン） 辞

11 総出

12 俳句

13 似顔

14 着物

15 著者

16 片側

17 枚数

18 映写

19 古傷

20 裏門

解答と解説

11 イ 総出（ソウで） 辞

12 ア 俳句（ハイク） 辞

13 ウ 似顔（にがお） 辞

14 ウ 着物（きもの）

15 ア 著者（チョシャ） 辞

16 ウ 片側（かたがわ）

17 ア 枚数（マイスウ）

18 ア 映写（エイシャ） 辞

19 ウ 古傷（ふるきず） 辞

20 エ 裏門（うらモン）

☐ 21 誠実
☐ 22 操作
☐ 23 裏口
☐ 24 座高
☐ 25 尊重

☐ 26 討議
☐ 27 拡大
☐ 28 茶畑
☐ 29 優勝
☐ 30 散乱

番号	答え	熟語	読み
21	ア	誠実	セイジツ
22	ア	操作	ソウサ
23	ウ	裏口	うらぐち
24	ア	座高	ザコウ
25	ア 辞	尊重	ソンチョウ
26	ア 辞	討議	トウギ
27	ア	拡大	カクダイ
28	イ	茶畑	チャばたけ
29	ア	優勝	ユウショウ
30	ア 辞	散乱	サンラン

☐ 31 補助
☐ 32 本筋
☐ 33 対策
☐ 34 効果
☐ 35 幼少

☐ 36 国宝
☐ 37 授乳
☐ 38 樹木
☐ 39 赤潮
☐ 40 警護

番号	答え	熟語	読み
31	ア 辞	補助	ホジョ
32	イ	本筋	ホンすじ
33	ア	対策	タイサク
34	ア 辞	効果	コウカ
35	ア	幼少	ヨウショウ
36	ア 辞	国宝	コクホウ
37	ア 辞	授乳	ジュニュウ
38	ア	樹木	ジュモク
39	ウ 辞	赤潮	あかしお
40	ア 辞	警護	ケイゴ

意味をCheck!

1 客足…店などに客がくること。出入りする客の数を指すこともある。
2 穀類…米・麦・豆など。
3 誠意…まごころ。
6 孝行…子供が親を大切にすること。
9 合奏…二つ以上の楽器で同じ曲を演奏すること。
10 大判…紙や本などで、ふつうよりも大きいもの。また、江戸時代の金貨。

---

11 総出…全員が出ること。
12 俳句…五・七・五の十七音であらわす短い詩。
13 似顔…ある人の顔に似せてかいた「似顔絵」の略。
15 著者…本を書き著した人。
18 映写…映画やスライドなどをスクリーンに映し出すこと。

---

19 古傷…何年も前に受けた傷。
25 尊重…価値を認めて、大切にすること。
26 討議…意見を出して話し合うこと。
30 散乱…物が散らかり、乱れていること。
31 補助…不足しているところを補うこと。また、助けとなるものをいう。

---

34 効果…ききめ。
36 国宝…国の宝として国が指定し保護しているものや建物。
37 授乳…乳児に乳をあげること。
39 赤潮…プランクトンが異常に増えて、海水が赤茶色になる現象。
40 警護…危険のないように、よく注意して守ること。

頻出度
C ランク

音と訓③

目標時間 20分

1回目 ／40

2回目 ／40

● 漢字の読みには**音**と**訓**があります。次の**熟語の読み**は□の中のどの組み合わせになっていますか。ア～エの**記号**で答えなさい。

ア 音と音　**イ** 音と訓　**ウ** 訓と訓　**エ** 訓と音

□ 1 初夢

□ 2 善良

□ 3 創作

□ 4 誕生

□ 5 秘密

□ 6 新芽

□ 7 宣言

□ 8 鼻歌

□ 9 厚紙

□ 10 受付

解答と解説

1 ウ 辞 初夢（はつゆめ）
2 ア 辞 善良（ゼンリョウ）
3 ア 辞 創作（ソウサク）
4 ア 誕生（タンジョウ）
5 ア 秘密（ヒミツ）
6 イ 辞 新芽（シンめ）
7 ア 辞 宣言（センゲン）
8 ウ 鼻歌（はなうた）
9 ウ 厚紙（あつがみ）
10 ウ 受付（うけつけ）

□ 11 蒸気

□ 12 否決

□ 13 遺伝

□ 14 荷物

□ 15 毛穴

□ 16 臨時

□ 17 区域

□ 18 警報

□ 19 合図

□ 20 裏側

解答と解説

11 ア 蒸気（ジョウキ）
12 ア 辞 否決（ヒケツ）
13 ア 辞 遺伝（イデン）
14 エ 荷物（にモツ）
15 ウ 毛穴（けあな）
16 ア 辞 臨時（リンジ）
17 ア 辞 区域（クイキ）
18 ア 辞 警報（ケイホウ）
19 エ 合図（あいズ）
20 ウ 辞 裏側（うらがわ）

☐21 幼児
☐22 加熱
☐23 街角
☐24 閣議
☐25 株主

☐26 真実
☐27 船賃
☐28 痛手
☐29 提案
☐30 湯茶

21 ア 幼児（ヨウジ）
22 ア 加熱（カネツ）
23 ウ 辞 街角（まちかど）
24 ア 辞 閣議（カクギ）
25 ウ 株主（かぶぬし）
26 ア 真実（シンジツ）
27 エ 船賃（ふなチン）
28 ウ 辞 痛手（いたで）
29 ア 辞 提案（テイアン）
30 エ 辞 湯茶（ゆチャ）

☐31 批判
☐32 幕府
☐33 開幕
☐34 系列
☐35 著名

☐36 地域
☐37 油絵
☐38 看病
☐39 砂糖
☐40 縦長

31 ア 辞 批判（ヒハン）
32 ア 辞 幕府（バクフ）
33 ア 辞 開幕（カイマク）
34 ア 辞 系列（ケイレツ）
35 ア 辞 著名（チョメイ）
36 ア 地域（チイキ）
37 エ 油絵（あぶらエ）
38 ア 辞 看病（カンビョウ）
39 ア 砂糖（サトウ）
40 ウ 縦長（たてなが）

意味をCheck!

1 初夢…一月一日または二日に見る夢。
2 善良…正しくすなおな様子。
3 創作…初めて新しいものを作り出すこと。
6 新芽…新しく出た芽。
7 宣言…広く世間に発表すること。
12 否決…会議などに出された案を認めないと決めること。

---

13 遺伝…親の特ちょうや性質が子どもに伝わること。
16 臨時…定期的なものでないこと。一時的であること。
17 区域…区切られた一定の地域や場所のこと。
18 警報…危険がせまっていると知らせること。
20 裏側…裏のほう。裏面のこと。

---

23 街角…大通りの曲がり角。街の道ばた。
24 閣議…大臣が集まって開く会議。
28 痛手…心や体などに受ける深い傷。大きな損害。
29 提案…ある考えや案を出すこと。
30 湯茶…お湯とお茶。
31 批判…物事のよしあしについて検討し、判断・評価すること。

---

32 幕府…武家政治の時代に、将軍が国をおさめていた役所。
33 開幕…物事が始まること。
34 系列…あるつながりを持っているもののまとまり。
35 著名…世間に名がよく知られていること。
38 看病…病人に付き添って世話をすること。

頻出度 C ランク

音と訓④

目標時間 20分

1回目 /40

2回目 /40

● 漢字の読みには**音**と**訓**があります。次の**熟語の読み**は□の中のどの組み合わせになっていますか。ア〜エの**記号**で答えなさい。

ア 音と音　**イ** 音と訓　**ウ** 訓と訓　**エ** 訓と音

1 登頂
2 独奏
3 姿見
4 閉館
5 弱虫
6 銭湯
7 創設
8 花束
9 誤解
10 背後

解答と解説

1 ア 辞 登頂（トウチョウ）
2 ア 辞 独奏（ドクソウ）
3 ウ 辞 姿見（すがたみ）
4 ア 閉館（ヘイカン）
5 ウ 弱虫（よわむし）
6 ア 銭湯（セントウ）
7 ア 辞 創設（ソウセツ）
8 ウ 花束（はなたば）
9 ア 辞 誤解（ゴカイ）
10 ア 背後（ハイゴ）

11 短縮
12 演劇
13 養蚕
14 興奮
15 胃酸
16 敵方
17 聖火
18 改装
19 除草
20 宝箱

解答と解説

11 ア 辞 短縮（タンシュク）
12 ア 辞 演劇（エンゲキ）
13 ア 養蚕（ヨウサン）
14 ア 辞 興奮（コウフン）
15 ア 胃酸（イサン）
16 イ 敵方（テキがた）
17 ア 辞 聖火（セイカ）
18 ア 辞 改装（カイソウ）
19 ア 除草（ジョソウ）
20 ウ 宝箱（たからばこ）

□ 21 署名
□ 22 訪問
□ 23 模型
□ 24 引退
□ 25 厚着

□ 26 異常
□ 27 吸収
□ 28 胸中
□ 29 厳守
□ 30 紅白

21	ア 辞	署名	ショメイ
22	ア 辞	訪問	ホウモン
23	ア	模型	モケイ
24	ア	引退	インタイ
25	ウ	厚着	あつぎ
26	ア	異常	イジョウ
27	ア 辞	吸収	キュウシュウ
28	ア	胸中	キョウチュウ
29	ア 辞	厳守	ゲンシュ
30	ア	紅白	コウハク

□ 31 車窓
□ 32 収納
□ 33 操縦
□ 34 洗顔
□ 35 解除

□ 36 危険
□ 37 茶色
□ 38 源流
□ 39 参拝
□ 40 尊敬

31	ア	車窓	シャソウ
32	ア 辞	収納	シュウノウ
33	ア 辞	操縦	ソウジュウ
34	ア	洗顔	センガン
35	ア	解除	カイジョ
36	ア	危険	キケン
37	イ	茶色	チャいろ
38	ア	源流	ゲンリュウ
39	ア 辞	参拝	サンパイ
40	ア 辞	尊敬	ソンケイ

意味をCheck!

1 登頂…山の頂上に登ること。
2 独奏…ひとりで楽器を演奏すること。
3 姿見…全身が映る大きな鏡。
7 創設…施設や会社などを初めてつくること。
9 誤解…事実についてまちがって認識すること。
11 短縮…時間や距離をちぢめてみじかくすること。

12 演劇…俳優が舞台の上で、筋書きに基づいたせりふや動作で物語などを演じて見せる、総合芸術。
14 興奮…感情が高ぶること。
17 聖火…神にささげる火。
18 改装…建物の外部や内部を直すこと。装備をあらためること。
21 署名…書類などに本人が自分の名を記すこと。

22 訪問…人や他人の家をたずねること。
27 吸収…外部から内部にすい取ること。取り入れて自分の物とすること。
29 厳守…約束などをきびしくまもること。
32 収納…物を中に入れて、しまうこと。

33 操縦…他人を思いのままにあやつること。飛行機などを運転すること。
39 参拝…神社や寺におまいりすること。
40 尊敬…すぐれたものと認めて敬意をはらうこと。

頻出度 C ランク

四字の熟語①

目標時間 14分

1回目 ／28

2回目 ／28

● 次の**カタカナ**を**漢字**になおし、**一字だけ**答えなさい。

☐ 1 安全**セン**言

☐ 2 **ヒ**密文書

☐ 3 集合住**タク**

☐ 4 **ユウ**名無実

☐ 5 油断大**テキ**

☐ 6 **キ**急存亡

☐ 7 宇**チュウ**開発

☐ 8 人気絶**チョウ**

☐ 9 人員点**コ**

☐ 10 賛**ピ**両論

☐ 11 防災対**サク**

☐ 12 通学区**イキ**

解答と意味

1 **安全宣言**（あんぜんせんげん） あぶなくないと、世間に発表すること。

2 **秘密文書**（ひみつぶんしょ） かくして人に知らせないように書き表したもの。

3 **集合住宅**（しゅうごうじゅうたく） 一つの建物の中に複数の世帯が入居している住宅のこと。

4 **有名無実**（ゆうめいむじつ） 評判ばかりで、中身がともなわないこと。

5 **油断大敵**（ゆだんたいてき） 気をゆるめると思いがけない失敗をするということ。

6 **危急存亡**（ききゅうそんぼう） 危険がせまり、生きるか死ぬかのせとぎわ。

7 **宇宙開発**（うちゅうかいはつ） 宇宙を人間の活動に生かそうとする試みや技術のこと。

8 **人気絶頂**（にんきぜっちょう） 人気がもっともある状態。

9 **人員点呼**（じんいんてんこ） 人の数がそろっているか名前を呼び調べること。

10 **賛否両論**（さんぴりょうろん） 賛成と反対の両方の意見があること。

11 **防災対策**（ぼうさいたいさく） 災害を防止するための対策。

12 **通学区域**（つうがくくいき） その学校に通う生徒の住む区域。

☐ 13 集合時コク
☐ 14 主ケン在民
☐ 15 リン時国会
☐ 16 ウ宙旅行
☐ 17 公平無シ
☐ 18 三ケン分立
☐ 19 体ソウ競技
☐ 20 検トウ課題

☐ 21 シン小棒大
☐ 22 親ゼン試合
☐ 23 鉄道モ型
☐ 24 秘ミツ文書
☐ 25 森林資ゲン
☐ 26 規ボ拡大
☐ 27 自コ主張
☐ 28 団体ワリ引

13 集合時刻（しゅうごうじこく） 一つの場所に集まるために決めた時間。
14 主権在民（しゅけんざいみん） 国の主権が国民にあるということ。
15 臨時国会（りんじこっかい） 必要に応じて臨時に開かれる国会。
16 宇宙旅行（うちゅうりょこう） 地球大気圏外のはてしなく広い空間へ旅をすること。
17 公平無私（こうへいむし） 平等で自分かってなことをしないこと。
18 三権分立（さんけんぶんりつ） 立法・行政・司法の三つの権利を独立させる政治のしくみ。
19 体操競技（たいそうきょうぎ） 素手または用具を使って回転・跳躍などの技量を競うスポーツ。
20 検討課題（けんとうかだい） よく調べ考える問題。
21 針小棒大（しんしょうぼうだい） 針くらい小さいことを、棒のように大きいことのように言うこと。
22 親善試合（しんぜんじあい） 友好を深めるための試合。
23 鉄道模型（てつどうもけい） 電車や線路などの実物に似せて作ったもの。
24 秘密文書（ひみつぶんしょ） 一般に公表できない文書のこと。
25 森林資源（しんりんしげん） 森や林にある、物を作り出すもとになるもの。
26 規模拡大（きぼかくだい） しくみの大きさなどを大きく広げること。
27 自己主張（じこしゅちょう） 自分の意見をはっきり言うこと。
28 団体割引（だんたいわりびき） 一定の人数以上が集まれば料金を割り引くこと。

頻出度 C ランク

四字の熟語②

目標時間 14分

1回目 /28

2回目 /28

● 次の**カタカナ**を**漢字**になおし、**一字だけ**答えなさい。

☐ 1 **ホ**欠選挙

☐ 2 水産資**ゲン**

☐ 3 平和共**ソン**

☐ 4 水玉**モ**様

☐ 5 人工**コ**吸

☐ 6 油**ダン**大敵

☐ 7 **ユウ**便番号

☐ 8 人間国**ホウ**

☐ 9 発車時**コク**

☐ 10 **ウ**宙遊泳

☐ 11 **ワリ**引料金

☐ 12 精**ミツ**検査

解答と意味

1 補欠選挙（ほけつせんきょ）　議員の欠員などを補うために行う選挙。

2 水産資源（すいさんしげん）　海・川・湖などの、魚・貝・海草などの水産生物。

3 平和共存（へいわきょうそん）　社会体制のちがう国も平和的に共存できるという考え。共存は「きょうぞん」とも読む。

4 水玉模様（みずたまもよう）　小さな丸い形をちらしたようなもよう。

5 人工呼吸（じんこうこきゅう）　応急手当に欠かせない救急医療（りょう）の一つ。

6 油断大敵（ゆだんたいてき）　注意をおこたれば必ず失敗するので注意せよというい ましめ。

7 郵便番号（ゆうびんばんごう）　郵便物の集配区域ごとにつけられた番号。

8 人間国宝（にんげんこくほう）　文部科学大臣が指定する芸術などにすぐれた人。

9 発車時刻（はっしゃじこく）　電車やバスなどが出る時間。

10 宇宙遊泳（うちゅうゆうえい）　宇宙で宇宙飛行士が宇宙船外で行動すること。

11 割引料金（わりびきりょうきん）　決まった金額よりも安くした値段。

12 精密検査（せいみつけんさ）　こまかいところまでくわしく調べること。

☐ 13 住**タク**建設

☐ 14 **コク**倉地帯

☐ 15 児童**ケン**章

☐ 16 高**ソウ**住宅

☐ 17 臨時**シュウ**入

☐ 18 **キョウ**土料理

☐ 19 失業対**サク**

☐ 20 心機一**テン**

☐ 21 胃腸**ショウ**害

☐ 22 一**キョ**両得

☐ 23 政治**トウ**論

☐ 24 器楽演**ソウ**

☐ 25 人権**ソン**重

☐ 26 **ウ**宙開発

☐ 27 自**コ**反省

☐ 28 危急存**ボウ**

13 **住宅建設**（じゅうたくけんせつ） 人が住むための家を新しくつくること。

14 **穀倉地帯**（こくそうちたい） 穀物がたくさんとれる地域。

15 **児童憲章**（じどうけんしょう） すべての児童の幸福を守るためのきまり。

16 **高層住宅**（こうそうじゅうたく） 何十階もある高い住まい。

17 **臨時収入**（りんじしゅうにゅう） 決まったときではなくお金が入ること。

18 **郷土料理**（きょうどりょうり） その地方特有の素材を使った料理や調理法のこと。

19 **失業対策**（しつぎょうたいさく） 失業者を救済するためのさまざまな事業のこと。

20 **心機一転**（しんきいってん） 何かをきっかけにして気持ちが変わること。

21 **胃腸障害**（いちょうしょうがい） 胃と腸の具合が悪くなること。

22 **一挙両得**（いっきょりょうとく） 一つのことを行って二つの利益を得ること。

23 **政治討論**（せいじとうろん） 政治に関して意見をのべ合うこと。

24 **器楽演奏**（きがくえんそう） 楽器を演奏すること。

25 **人権尊重**（じんけんそんちょう） 人権の意義が正しく認識され、人間の尊厳が守られること。

26 **宇宙開発**（うちゅうかいはつ） 宇宙空間を人類のために役立たせようとする活動。

27 **自己反省**（じこはんせい） 自分自身に注意を向けて、問題を解決するために考えること。

28 **危急存亡**（ききゅうそんぼう） 危険がせまって、生きるか死ぬかのせとぎわのこと。

頻出度 C ランク

四字の熟語③

目標時間 14分

1回目 /28

2回目 /28

● 次の**カタカナ**を**漢字**になおし、**一字だけ**答えなさい。

1 自**コ**本位

2 救急**ショ**置

3 円形**ゲキ**場

4 議**ロン**百出

5 **キ**険信号

6 **セイ**人君子

7 宇**チュウ**空間

8 工業地**イキ**

9 自然**イ**産

10 **コク**物倉庫

11 地方分**ケン**

12 **ユウ**便切手

解答と意味

1 自己本位（じこほんい） すべてのことを自分中心に考えたり、行ったりすること。

2 救急処置（きゅうきゅうしょち） 急な病人やけが人を救うためにとる手当て。

3 円形劇場（えんけいげきじょう） 中央に舞台があり、舞台の周辺に観客席がある劇場。

4 議論百出（ぎろんひゃくしゅつ） 次々にいろいろな意見が出ること。

5 危険信号（きけんしんごう） あぶないことを知らせるための信号。

6 聖人君子（せいじんくんし） 知識・人格ともすぐれたりっぱな人物。

7 宇宙空間（うちゅうくうかん） 地球やその他の天体に属さない領域。

8 工業地域（こうぎょうちいき） 多くの工場が集中し、工業生産が高い地域。

9 自然遺産（しぜんいさん） ユネスコが登録する世界遺産の一つ。自然の美しさをもつところ。

10 穀物倉庫（こくもつそうこ） 農産物の保管を目的とした倉庫。

11 地方分権（ちほうぶんけん） 国がもっている統治機能や決定権を地方に移すこと。

12 郵便切手（ゆうびんきって） 郵便物にはり、郵便料を納付したことにするもの。

□ 13 記録**エイ**画

□ 14 **シュウ**職活動

□ 15 温**ダン**前線

□ 16 一**コク**千金

□ 17 **ショ**名活動

□ 18 **ウ**宙飛行

□ 19 期間**エン**長

□ 20 保**ゾン**状態

□ 21 優先**ザ**席

□ 22 公害対**サク**

□ 23 地下資**ゲン**

□ 24 消化**キュウ**収

□ 25 人体**モ**型

□ 26 **シュウ**議一決

□ 27 安全保**ショウ**

□ 28 意識改**カク**

13 記録映画（きろくえいが）　演出を加えることなく、ありのままを記録した映画。

14 就職活動（しゅうしょくかつどう）　会社に就職するためのさまざまな活動のこと。

15 温暖前線（おんだんぜんせん）　暖かい空気が、冷たい空気を乗り上げて進むときの前線。

16 一刻千金（いっこくせんきん）　時間が大切なことのたとえ。

17 署名活動（しょめいかつどう）　法の改正などで、賛成する人の名前を集めて相手に提出すること。

18 宇宙飛行（うちゅうひこう）　宇宙空間を飛行すること。

19 期間延長（きかんえんちょう）　一定の決められた期間を延ばすこと。

20 保存状態（ほぞんじょうたい）　そのままの状態で保っておく際のそのありさま。

21 優先座席（ゆうせんざせき）　鉄道やバスで高齢者などに座ってもらうよう促す席。

22 公害対策（こうがいたいさく）　公害を防止するための対策。

23 地下資源（ちかしげん）　地中にある、人間の生活に役立つ物質。

24 消化吸収（しょうかきゅうしゅう）　体内で食物を分解し、栄養素を取り込むこと。

25 人体模型（じんたいもけい）　人間の骨格や内臓などの実物に似せて作ったもの。

26 衆議一決（しゅうぎいっけつ）　みんなで話し合い、意見が一つにまとまること。

27 安全保障（あんぜんほしょう）　安全を確保すること、そのための危険を排除すること。

28 意識改革（いしきかいかく）　考え方や取り組み姿勢を新しく変えること。

頻出度 C ランク

対義語・類義語①

目標時間 11分

1回目 /22

2回目 /22

●次の[1][2]それぞれの下の□の中のひらがなを漢字になおして、**対義語**（意味が反対や対になることば）と、**類義語**（意味がよくにたことば）を答えなさい。□の中のひらがなは**一度だけ**使い、**漢字一字**を答えなさい。

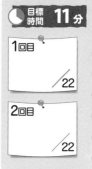

1 対義語

1 発散―□収

2 容易―□難

3 退職―□職

4 満潮―□潮

5 横断―□断

類義語

6 大切―□重

7 刊行―出□

8 手段―方□

9 同意―□成

10 改良―改□

かん　き　きゅう　こん　さく　さん　しゅう　じゅう　ぜん　ぱん

解答

1 発散（はっさん）—吸収（きゅうしゅう） 辞

2 容易（ようい）—困難（こんなん） 辞

3 退職（たいしょく）—就職（しゅうしょく）

4 満潮（まんちょう）—干潮（かんちょう） 辞 辞

5 横断（おうだん）—縦断（じゅうだん） 辞 辞

6 大切（たいせつ）—貴重（きちょう）

7 刊行（かんこう）—出版（しゅっぱん）

8 手段（しゅだん）—方策（ほうさく） 辞

9 同意（どうい）—賛成（さんせい）

10 改良（かいりょう）—改善（かいぜん）

2

対義語

11 読者―□者

12 開幕―□幕

13 死亡―□生

14 両方―□方

15 表門―□門

16 制服―□服

類義語

17 外国―□国

18 苦言―□言

19 努力―□勉

20 質問―質□

21 設立―□立

22 感心―□服

い　うら　かた　ぎ　きん　けい　し　そう　たん　ちゅう　ちょ　へい

11 読者（どくしゃ）―著者（ちょしゃ）

12 開幕（かいまく）辞―閉幕（へいまく）辞

13 死亡（しぼう）―誕生（たんじょう）

14 両方（りょうほう）―片方（かたほう）

15 表門（おもてもん）―裏門（うらもん）

16 制服（せいふく）―私服（しふく）

17 外国（がいこく）―異国（いこく）

18 苦言（くげん）―忠言（ちゅうげん）

19 努力（どりょく）―勤勉（きんべん）辞

20 質問（しつもん）―質疑（しつぎ）

21 設立（せつりつ）―創立（そうりつ）

22 感心（かんしん）―敬服（けいふく）辞

意味をCheck!

1 発散…内部にたまったものが外へ飛び散ること。

2 容易…たやすいこと。

4 満潮…海水が満ちて水面がもっとも高くなること。

4 干潮…海水がひいて、水面がもっとも低くなること。

5 横断…横または東西の方向に通り抜けること。

5 縦断…縦または南北の方向に通りぬけること。

8 方策…はかりごと。手段や方法のこと。

12 開幕…物事が始まること。

12 閉幕…物事が終わりになること。

19 勤勉…いっしょうけんめい勉強したり、働いたりすること。

22 敬服…心から感心し、うやまうこと。

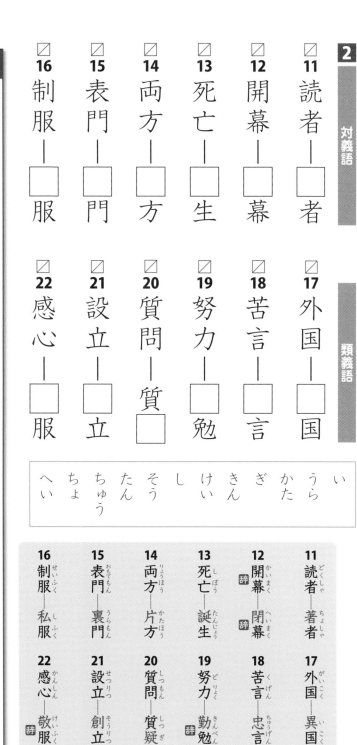

頻出度 C ランク

対義語・類義語②

目標時間 11分

1回目 /22

2回目 /22

●次の1 2それぞれの下の□の中のひらがなを漢字になおして、**対義語**（意味が反対や対になることば）と、**類義語**（意味がよくにたことば）を答えなさい。□の中のひらがなは**一度だけ**使い、**漢字一字**を答えなさい。

1

対義語

1 寒流－□流

2 前進－後□

3 正常－□常

4 公用－□用

5 保守－□新

類義語

6 出版－□行

7 助言－忠□

8 重荷－負□

9 明日－□日

10 着任－□任

い　かく　かん　こく　し　しゅう　たい　たん　だん　よく

解答

1 寒流（かんりゅう）－暖流（だんりゅう）

2 前進（ぜんしん）－後退（こうたい）

3 正常（せいじょう）－異常（いじょう）

4 公用（こうよう）－私用（しよう）

5 保守（ほしゅ）－革新（かくしん）

6 出版（しゅっぱん）－刊行（かんこう）

7 助言（じょげん）－忠告（ちゅうこく）

8 重荷（おもに）－負担（ふたん）

9 明日（あす）－翌日（よくじつ）

10 着任（ちゃくにん）－就任（しゅうにん）

2

対義語

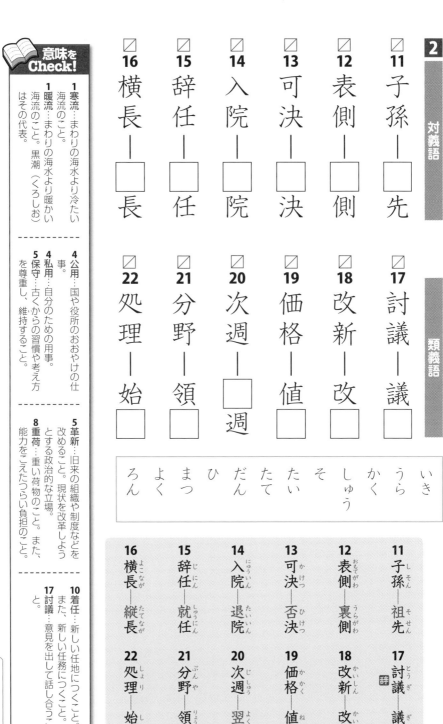

11 子孫―□先
12 表側―□側
13 可決―□決
14 入院―□院
15 辞任―□任
16 横長―□長

類義語

17 討議―議□
18 改新―改□
19 価格―値□
20 次週―□週
21 分野―領□
22 処理―始□

いき　うら　かく　しゅう　そ　たい　たて　だん　ひ　まつ　よく　ろん

11 子孫（しそん）―祖先（そせん）
12 表側（おもてがわ）―裏側（うらがわ）
13 可決（かけつ）―否決（ひけつ）
14 入院（にゅういん）―退院（たいいん）
15 辞任（じにん）―就任（しゅうにん）
16 横長（よこなが）―縦長（たてなが）
17 辞 討議（とうぎ）―議論（ぎろん）
18 改新（かいしん）―改革（かいかく）
19 価格（かかく）―値段（ねだん）
20 次週（じしゅう）―翌週（よくしゅう）
21 分野（ぶんや）―領域（りょういき）
22 処理（しょり）―始末（しまつ）

意味をCheck!

1 寒流…まわりの海水より冷たい海流のこと。
1 暖流…まわりの海水より暖かい海流のこと。黒潮（くろしお）はその代表。

4 公用…国や役所のおおやけの仕事。
4 私用…自分のための用事。
5 保守…古くからの習慣や考え方を尊重し、維持すること。

5 革新…旧来の組織や制度などを改めること。現状を改革しようとする政治的な立場。
8 重荷…重い荷物のこと。また、能力をこえたつらい負担のこと。

10 着任…新しい任地につくこと。また、新しい任務につくこと。
17 討議…意見を出して話し合うこと。

頻出度 C ランク

熟語作り①

目標時間 11分

1回目 ／22

2回目 ／22

● 次の1～4のそれぞれ後の□の中から漢字を選んで、次の意味にあてはまる**熟語**を作りなさい。答えは**記号**で答えなさい。

1

□ **1** たいせつにすること。

□ **2** 人に知られないようにすること。

□ **3** 人や機械などをあやつること。

□ **4** 山の一番高いところにのぼること。

□ **5** まごころ。

ア 意	イ 重	ウ 誠	エ 操	オ 秘
カ 密	キ 尊	ク 登	ケ 頂	コ 縦

解答

1 キ・イ（尊重）
2 オ・カ（秘密）
3 エ・コ（操縦）
4 ク・ケ（登頂）
5 ウ・ア（誠意）

2

□ **6** やりかた。方法。

□ **7** 作品などを多くの人に見せること。

□ **8** 最後のまとめの意見。

□ **9** 死んだ人がのこしたざいさん。

□ **10** ものごとのしくみや内容の大きさ。

ア 模	イ 産	ウ 規	エ 段	オ 示
カ 結	キ 展	ク 遺	ケ 手	コ 論

解答

6 ケ・エ（手段）
7 キ・オ（展示）
8 カ・コ（結論）
9 ク・イ（遺産）
10 ウ・ア（規模）

3

☐ **11** 本当かどうかはっきりわからないこと。

☐ **12** 神社や寺におまいりすること。

☐ **13** たりないところをおぎないたすけること。

☐ **14** ものごとのよいわるいを考えて言うこと。

☐ **15** 自分が生まれた土地。

☐ **16** あることを前提に他を考えること。

ア 推	**イ** 郷	**ウ** 補	**エ** 参	**オ** 故	**カ** 拝
キ 批	**ク** 疑	**ケ** 助	**コ** 問	**サ** 理	**シ** 判

11 ク・コ（疑問（ぎもん））
12 エ・カ（参拝（さんぱい））
13 ウ・ケ（補助（ほじょ））
14 キ・シ（批判（ひはん））
15 オ・イ（故郷（こきょう））
16 ア・サ（推理（すいり））

4

☐ **17** これから先のこと。

☐ **18** 本を書きあらわした人。

☐ **19** 光や音が物にあたりはねかえること。

☐ **20** 意見を出して話し合うこと。

☐ **21** 公式に言いわたすこと。

☐ **22** 人に役立ててもらうようさし出すこと。

ア 将	**イ** 提	**ウ** 討	**エ** 著	**オ** 供	**カ** 来
キ 者	**ク** 反	**ケ** 告	**コ** 射	**サ** 宣	**シ** 議

17 ア・カ（将来（しょうらい））
18 エ・キ（著者（ちょしゃ））
19 ク・コ（反射（はんしゃ））
20 ウ・シ（討議（とうぎ））
21 サ・ケ（宣告（せんこく））
22 イ・オ（提供（ていきょう））

頻出度 C ランク

熟語作り②

目標時間 11分

1回目 /22

2回目 /22

● 次の 1 ～ 4 のそれぞれの後の □ の中から漢字を選んで、次の意味にあてはまる**熟語**を作りなさい。答えは**記号**で答えなさい。

1

☐ 1 長くたいせつにとっておくこと。

☐ 2 だいたいこうだろうとおしはかること。

☐ 3 つぎつぎに見てまわすこと。

☐ 4 とてもゆかいなさま。

☐ 5 自分の家にいること。

ア 快	イ 宅	ウ 痛	エ 推	オ 察
カ 覧	キ 回	ク 在	ケ 保	コ 存

解答

1 ケ・コ（保存（ほぞん））

2 エ・オ（推察（すいさつ））

3 キ・カ（回覧（かいらん））

4 ウ・ア（痛快（つうかい））

5 ク・イ（在宅（ざいたく））

2

☐ 6 かけた部分をおぎなうこと。

☐ 7 団体や集まりの中で中心となる人。

☐ 8 苦しむ人をすくいたすけること。

☐ 9 いっぱんの人々。

☐ 10 意見を取りちがえること。

ア 首	イ 欠	ウ 補	エ 救	オ 解
カ 済	キ 民	ク 脳	ケ 衆	コ 誤

解答

6 ウ・イ（補欠（ほけつ））

7 ア・ク（首脳（しゅのう））

8 エ・カ（救済（きゅうさい））

9 キ・ケ（民衆（みんしゅう））

10 コ・オ（誤解（ごかい））

3

☐ **11** すなおでさからわないこと。
☐ **12** 問題について意見をのべ合うこと。
☐ **13** おさめるべきものをおさめていない。
☐ **14** 学校などを初めてつくること。
☐ **15** 人が主食にする米・麦・豆など。
☐ **16** 国を治めるためのおおもとのきまり。

ア 穀　イ 未　ウ 討　エ 従　オ 憲　カ 納
キ 立　ク 物　ケ 論　コ 創　サ 法　シ 順

11 エ・シ（従順）
12 ウ・ケ（討論）
13 イ・カ（未納）
14 コ・キ（創立）
15 ア・ク（穀物）
16 オ・サ（憲法）

4

☐ **17** 楽器で音楽をかなでること。
☐ **18** 機械が正常に動かないこと。
☐ **19** ある事がらをもとにおしはかること。
☐ **20** 仕事にとりかかること。
☐ **21** ひきつづいてのこしておくこと。
☐ **22** チームをまとめてひきいる者。

ア 主　イ 存　ウ 演　エ 推　オ 故　カ 続
キ 将　ク 業　ケ 就　コ 障　サ 奏　シ 測

17 ウ・サ（演奏）
18 オ・コ（故障）
19 エ・シ（推測）
20 ケ・ク（就業）
21 イ・カ（存続）
22 ア・キ（主将）

頻出度 C ランク

熟語作り③

目標時間 11分

1回目 /22

2回目 /22

● 次の 1 ～ 4 のそれぞれの後の □ の中から漢字を選んで、次の意味にあてはまる**熟語**を作りなさい。答えは**記号**で答えなさい。

1

□ **1** うちたてること。

□ **2** どんどんすすんで広がること。

□ **3** 一人で楽器を演そうすること。

□ **4** 川のながれにそったちいき。

□ **5** よくなるようにあらためること。

ア 樹　イ 展　ウ 進　エ 善　オ 立
カ 奏　キ 独　ク 改　ケ 流　コ 域

解答

1 ア・オ（樹立（じゅりつ））
2 ウ・イ（進展（しんてん））
3 キ・カ（独奏（どくそう））
4 ケ・コ（流域（りゅういき））
5 ク・エ（改善（かいぜん））

2

□ **6** 国の仕事をするところ。

□ **7** たがいに仲良くすること。

□ **8** 自分一人の考えで物をつくり出すこと。

□ **9** 定期的でないこと。

□ **10** うつりかわること。

ア 庁　イ 時　ウ 推　エ 独　オ 創
カ 臨　キ 官　ク 善　ケ 移　コ 親

解答

6 キ・ア（官庁（かんちょう））
7 コ・ク（親善（しんぜん））
8 エ・オ（独創（どくそう））
9 カ・イ（臨時（りんじ））
10 ウ・ケ（推移（すいい））

3

☐ **11** つつしんで見ること。
☐ **12** 商品などの特長を広く知ってもらうこと。
☐ **13** 言葉づかいのきまり。
☐ **14** 一生けんめいに戦うこと。
☐ **15** ぴったりとくっつくこと。
☐ **16** きまった人やものだけが使うこと。

ア 戦	イ 法	ウ 着	エ 密	オ 語	カ 宣
キ 奮	ク 用	ケ 見	コ 拝	サ 専	シ 伝

11 コ・ケ（拝見(はいけん)）
12 カ・シ（宣伝(せんでん)）
13 オ・イ（語法(ごほう)）
14 キ・ア（奮戦(ふんせん)）
15 エ・ウ（密着(みっちゃく)）
16 サ・ク（専用(せんよう)）

4

☐ **17** すいこむこと。
☐ **18** 物事が入りみだれること。
☐ **19** ひそひそ話すこと。
☐ **20** がんばって戦うこと。
☐ **21** 古い制度や考え方を新しくすること。
☐ **22** 決してしてはいけないこと。

ア 乱	イ 厳	ウ 私	エ 新	オ 引	カ 語
キ 革	ク 健	ケ 混	コ 吸	サ 禁	シ 闘

17 コ・オ（吸引(きゅういん)）
18 ケ・ア（混乱(こんらん)）
19 ウ・カ（私語(しご)）
20 ク・シ（健闘(けんとう)）
21 キ・エ（革新(かくしん)）
22 イ・サ（厳禁(げんきん)）

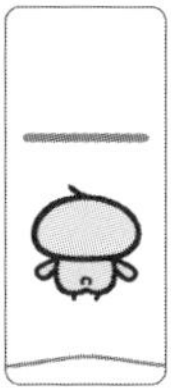

頻出度 C ランク

熟語の構成①

目標時間 18分

1回目 ／36

2回目 ／36

●漢字を二字組み合わせた熟語では、二つの漢字の間に意味の上で、次のような関係があります。

ア 反対や対(つい)になる意味の字を組み合わせたもの。（例…高低）

イ 同じような意味の字を組み合わせたもの。（例…岩石）

ウ 上の字が下の字の意味を説明（修飾(しょく)）しているもの。（例…洋画）

エ 下の字から上の字へ返って読むと意味がよくわかるもの。（例…着席）

次の**熟語**は右の**ア～エ**のどれにあたるか、**記号**で答えなさい。

1 食欲

2 閉幕

3 水源

4 悲劇

5 宝庫

6 灰色

解答と解説

1 ウ（しょくよく）食（食物）を⬇欲（する）

2 エ（へいまく）閉（じる）⬆幕（を）。「幕を閉じて終えること」

3 ウ（すいげん）水（の）⬇源（みなもと）

4 ウ（ひげき）悲（しい）⬇劇

5 ウ（ほうこ）宝（の）⬇庫（ものを入れておく建物）

6 ウ（はいいろ）灰（の）⬇色

7 増減

8 困難

9 家賃

10 班長

11 帰郷

12 潮風

解答と解説

7 ア（ぞうげん）増（える）⬍減（る）

8 イ（こんなん）どちらも「むずかしい」の意味。

9 ウ（やちん）家（家や部屋を）（借りてはらうお金）⬇賃

10 ウ（はんちょう）班（の）⬇長（いちばん上の地位）

11 エ（ききょう）帰（る）⬆郷（に）

12 ウ（しおかぜ）潮（の）⬇風

読み　部首と部首名　画数　漢字と送りがな　音と訓　四字の熟語　対義語・類義語　熟語作り　**熟語の構成**　同じ読みの漢字　書き取り　模擬テスト

☐ 13 私用

☐ 14 除雪

☐ 15 視力

☐ 16 幼児

☐ 17 停止

☐ 18 正誤

☐ 19 主従

☐ 20 乳歯

13 ウ（しよう）私（個人的な）⬇用（事）

14 エ（じょせつ）除（く）⬆雪（を）

15 ウ（しりょく）視（見る目の）⬇力（能力）

16 ウ（ようじ）幼（い）⬇児（こども）

17 イ（ていし）どちらも「とまる」の意味。

18 ア（せいご）正（しい）⬍誤（り）

19 ア（しゅじゅう）主（主人）⬍従（けらい）

20 ウ（にゅうし）乳（児の）⬇歯

☐ 21 就任

☐ 22 拝礼

☐ 23 重傷

☐ 24 寒冷

☐ 25 退院

☐ 26 損益

☐ 27 肥満

☐ 28 胸中

21 エ（しゅうにん）就（く）⬆任（務に）

22 イ（はいれい）どちらも「おじぎをすること」。

23 ウ（じゅうしょう）重（い）⬇傷

24 イ（かんれい）どちらも「さむい」の意味。

25 エ（たいいん）退（く）⬆（病）院（を）

26 ア（そんえき）損（減る）⬍益（増える）

27 イ（ひまん）どちらも「太っている」こと。

28 ウ（きょうちゅう）胸（の）⬇中

☐ 29 往復

☐ 30 禁止

☐ 31 善意

☐ 32 難題

☐ 33 翌年

☐ 34 厳守

☐ 35 城内

☐ 36 脳波

29 ア（おうふく）往（行き）⬍復（帰り）

30 イ（きんし）どちらも「とどめる」の意味。

31 ウ（ぜんい）善（い）⬇意（気持ち）

32 ウ（なんだい）難（しい）⬇（問）題

33 ウ（よくとし・よくねん）翌（その次の）⬇年

34 ウ（げんしゅ）厳（しく）⬇守（る）

35 ウ（じょうない）城（の）⬇内（部）

36 ウ（のうは）脳（から発生する）⬇波

頻出度 C ランク

熟語の構成②

目標時間 18分

1回目 ／36

2回目 ／36

●漢字を二字組み合わせた熟語では、二つの漢字の間に意味の上で、次のような関係があります。

ア 反対や対（つい）になる意味の字を組み合わせたもの。（例…高低）
イ 同じような意味の字を組み合わせたもの。（例…岩石）
ウ 上の字が下の字の意味を説明（修飾（しょく））しているもの。（例…洋画）
エ 下の字から上の字へ返って読むと意味がよくわかるもの。（例…着席）

次の**熟語**は右の**ア～エ**のどれにあたるか、**記号**で答えなさい。

1 育児
2 改革
3 紅茶
4 母乳
5 敬語
6 善行

解答と解説

1 エ（いくじ） 育（てる）⬆児（子供を）
2 イ（かいかく） どちらも「あらためる」の意味。
3 ウ（こうちゃ） 紅（くれない色の）⬇茶
4 ウ（ぼにゅう） 母（の）⬇乳
5 ウ（けいご） 敬（う）⬇語（ことば）
6 ウ（ぜんこう） 善（い）⬇行（い）

7 精密
8 早熟
9 朝晩
10 当落
11 表現
12 遺品

解答と解説

7 イ（せいみつ） どちらも「細かい」の意味。
8 ウ（そうじゅく） 早（く）⬇熟（す）
9 ア（あさばん） 朝⬍晩（夜）
10 ア（とうらく） 当（たる）⬍落（ちる）
11 イ（ひょうげん） どちらも「あらわす」の意味。
12 ウ（いひん） 遺（残る）⬇品（物品）

13 厳禁

14 視点

15 洗車

16 暖流

17 退場

18 幼虫

19 城門

20 密林

13 ウ（げんきん）
厳（しく）⬇禁（じる）

14 ウ（してん）
視（見る）⬇点（観点）

15 エ（せんしゃ）
洗（う）⬆車（を）

16 ウ（だんりゅう）
暖（かい）⬇流（れ）

17 エ（たいじょう）
退（く）⬆場（から）

18 ウ（ようちゅう）
幼（い）⬇虫

19 ウ（じょうもん）
城（の）⬇門

20 ウ（みつりん）
密（な）⬇林

21 宝石

22 着席

23 開幕

24 純金

25 諸国

26 創造

27 誠意

28 付着

21 ウ（ほうせき）
宝（の）⬇石

22 エ（ちゃくせき）
着（く）⬆席（に）

23 エ（かいまく）
開（ける）⬆幕（を）

24 ウ（じゅんきん）
純（まじり気のない）⬇金

25 ウ（しょこく）
諸（たくさんの）⬇国

26 イ（そうぞう）
どちらも「つくる」の意味。

27 ウ（せいい）
誠（まごころの）⬇意（気持ち）

28 イ（ふちゃく）
どちらも「つく」の意味。

29 秒針

30 可否

31 重視

32 城主

33 寸前

34 別冊

35 挙手

36 補佐

29 ウ（びょうしん）
秒（を示す）⬇針

30 ア（かひ）
可（それでよい）⬍否（同意しない）

31 ウ（じゅうし）
重（く）⬇視（見る）

32 ウ（じょうしゅ）
城（の）⬇主（あるじ）

33 ウ（すんぜん）
寸（ごくわずか）⬇前

34 ウ（べっさつ）
別（の）⬇冊（本）

35 エ（きょしゅ）
挙（げる）⬆手（を）

36 イ（ほさ）
どちらも「たすける」の意味。

頻出度 C ランク

同じ読みの漢字①

目標時間 18分

1回目 /36

2回目 /36

● 次の――線のカタカナを漢字になおしなさい。

1 市民運動を**スイ**進する。
2 河口には汽**スイ**域ができる。
3 **キョウ**土の祭りを楽しむ。
4 **キョウ**酸と弱酸の違(ちが)いを学ぶ。
5 ロケットを発**シャ**台に設置する。
6 駅の窓口で乗**シャ**券を買う。
7 **サイ**善の手を打ったと自画自賛した。
8 林でクワガタを**サイ**集する。
9 **サイ**心の注意をはらう。
10 綿の布を**サイ**断する。

解答

1	推 辞
2	水 辞
3	郷 辞
4	強
5	射 辞
6	車
7	最 辞
8	採 辞
9	細 辞
10	裁 辞

11 犯人の指紋(もん)と**ショウ**合する。
12 調査の対**ショウ**は中学一年生だ。
13 身分を**ショウ**明する物が必要だ。
14 エレベーターが故**ショウ**している。
15 交通事故で負**ショウ**した。
16 その件は**ショウ**知しております。
17 **ショウ**来の夢を話す。
18 **ジ**石を使って砂鉄を集めた。
19 賞をとって**ジ**信がついた。
20 結婚(こん)式で祝**ジ**を述べる。

解答

11	照
12	象 辞
13	証
14	障
15	傷 辞
16	承 辞
17	将
18	磁
19	自
20	辞 辞

□21 木はヤク一メートルの高さだ。
□22 中国語を日本語にヤクす。

□23 注文の商品を取引先にオサめる。
□24 市民みずから町をオサめる。

□25 西ヨウから日本の教育を見る。
□26 栄ヨウのバランスがとれた食事だ。
□27 ヨウ児は入館無料だ。
□28 美ヨウ院で髪(かみ)を切ってもらう。

21 約
22 訳
23 納
24 治 辞
25 洋
26 養
27 幼
28 容

□29 明日は強テキとの試合だ。
□30 健康にはテキ度な運動が大切だ。

□31 胃チョウの病気にかかった。
□32 気象チョウが予報を発表する。
□33 お互(たが)いの個性を尊チョウする。
□34 山チョウから見える景色を写真にとった。

□35 医師は来週にはタイ院できると言う。
□36 教会から聖歌タイの歌声が聞こえる。

29 敵 辞
30 適
31 腸
32 庁
33 重 辞
34 頂
35 退
36 隊

意味をCheck!

1 **推進**…物事をおしすすめること。
2 **汽水域**…淡(たん)水と海水が入り混じった場所のこと。
3 **郷土**…自分の生まれ育った場所。ふるさと。
5 **発射**…弾丸やロケットなどを打ち出すこと。
7 **最善**…いちばんよいこと、適切なこと。できるかぎりのこと。
8 **採集**…標本や資料にするために採取して集めること。
9 **細心**…細かいところまで気を配ること。そのさま。
10 **裁断**…物をたち切ること。物事の良い、悪いを判断し、決めることにも用いる。
12 **対象**…ある行為の目標となるもの。
15 **負傷**…きずをおうこと。けがをすること。
16 **承知**…事情などを知ること、わかっていること。要求や依頼などを聞き入れること。相手の立場などを理解して許すこと。
20 **祝辞**…お祝いの言葉。この場合の「辞」は「言葉」の意味。
24 **治める**…世の中を秩序のある状態にする。
29 **強敵**…強力な敵、手ごわい相手。
33 **尊重**…価値を認めて、大切にすること。

頻出度 C ランク

同じ読みの漢字②

目標時間 18分

1回目 ／36

2回目 ／36

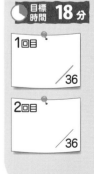

● 次の――線のカタカナを漢字になおしなさい。

1 料理中に塩カ減を確認する。
2 満潮時はカ口付近は危険だ。
3 定カの三割引きでくつを買った。
4 着陸に備え飛行機はカ降している。
5 授業で歌人の有名な短カをよむ。
6 食べ過ぎてイが痛い。
7 イ識を失った人を介抱(かいほう)する。
8 軽いので持ち運びが容イだ。
9 イ常な暑さが続いている。
10 両親のイ産を相続した。

解答
1 加
2 河
3 価
4 下
5 歌
6 胃
7 意
8 易 辞
9 異
10 遺

11 ヨい行いをしてほめられた。
12 祖母は何をするにも手ぎわがヨい。
13 銀行にヨ金する。
14 作りすぎてヨ分が出た。
15 エイ星放送を受信する。
16 エイ画を見るのが好きだ。
17 運動会の日はカイ晴だった。
18 カイ革は道半ばで終わった。
19 競ホの大会で優勝した。
20 後日ホ足資料が配付された。

解答
11 善
12 良
13 預 辞
14 余
15 衛
16 映
17 快 辞
18 改 辞
19 歩 辞
20 補 辞

21 力士が土ヒョウに上がる。
22 作品が高くヒョウ価される。
23 空ゼン絶後の偉業を成しとげた。
24 外国との親ゼンを深める。
25 送料を負タンしてもらう。
26 生物の神秘をタン求する。
27 えらい人のデン記を読んだ。
28 工事のため停デンになるようだ。

21 俵
22 評 辞
23 前
24 善 辞
25 担 辞
26 探 辞
27 伝 辞
28 電

29 古い本をショ分する。
30 ショ名活動を行う。
31 九州にある温センに行く。
32 虫の生態をセン門に研究する。
33 たんすに洋服を収ノウする。
34 各国の首ノウが集まる。
35 世界のヒ境を旅してみたい。
36 通りでヒ鳴が聞こえた。

29 処 辞
30 署 辞
31 泉
32 専
33 納 辞
34 脳
35 秘 辞
36 悲

意味をCheck!

8 容易…たやすい、簡単であること。
13 預金…銀行などにお金をあずけること。あずけたお金。
17 快晴…気持ちよく空が晴れわたること。
18 改革…あらためて変えること。
19 競歩…決められた距離を歩く速さを競う競技のこと。
20 補足…足りない部分を補うこと。

22 評価…善悪などの価値を定めること。特に、高く価値を定めること。
24 親善…たがいに仲よくすること。
25 負担…義務や責任などを引き受けること。肩や背に荷物をかつぐこと。その荷物。自分の力量以上の重すぎる仕事。
26 探求…あるものを得ようと探し求めること。本質をみきわめようとすること。

27 伝記…個人の一生にわたる行動や業績を文章で記したもの。
29 処分…余分な物などを捨てること。物事の決まりをつけること。規則を破った者を罰すること。
30 署名…自分の名を書き記すこと。
33 収納…ものを中に入れ、しまっておくこと。
35 秘境…人がほとんど踏み入れたことがないような、あまり知られていない場所。

頻出度 C ランク

書き取り①

目標時間 22分

1回目 ／44

2回目 ／44

● 次の——線のカタカナを漢字になおしなさい。

1 こわい話に**セスジ**が寒くなる。

2 新しい**タンニン**は男の先生だ。

3 **タンジュン**な人だと笑われた。

4 すいかが真っ二つに**ワ**れる。

5 **シュウショク**先が決まりほっとする。

6 先生の**チュウコク**に耳をかたむける。

7 出かける**スンゼン**に電話がかかってきた。

8 ガスコンロに安全**ソウチ**を取りつける。

9 母犬が子犬に**チチ**をあたえる。

10 **カイカク**の取り組みを加速させる。

解答

1 背筋
2 担任
3 単純
4 割
5 就職
6 忠告
7 寸前
8 装置
9 乳
10 改革

11 おそろしい**キョウテキ**が現れた。

12 一輪車に乗る友人を**ホジョ**した。

13 ウールのセーターが**チヂ**む。

14 社会科で**ナイカク**の仕組みを学ぶ。

15 最近の経済について**ギロン**する。

16 週末は**エイガ**を見に出かける。

17 **サイバン**で争う気はない。

18 **ノウ**をきたえ、若返りを目指す。

19 町内会の**ハンチョウ**を頼(たの)まれた。

20 柱を**スイチョク**にたてる。

解答

11 強敵
12 補助
13 縮
14 内閣 辞
15 議論
16 映画
17 裁判 辞
18 脳
19 班長
20 垂直

21 大**カンシュウ**の前であいさつする。
22 台風に**ソナ**えて電車が運休した。
23 町の**キョウド**資料館を訪ねる。
24 **キヌ**のハンカチを差しあげる。
25 計画をクラス全員で**スイシン**する。
26 **ネ**が張るが、品質は確かだ。
27 海の近くは**シオ**の香（かお）りがする。
28 日本は食文化の**ホウコ**だ。
29 霧（きり）で**シカイ**が悪い。
30 **コンバン**は中秋の名月だ。
31 **ショクヨク**がないので牛乳だけを飲む。
32 新しいスターの**タンジョウ**を願う。
33 スポーツの団体に**カメイ**した。
34 **ケイゴ**を正しく使いこなす。

21 観衆 辞
22 備
23 郷土
24 絹
25 推進
26 値
27 潮
28 宝庫 辞
29 視界
30 今晩
31 食欲
32 誕生
33 加盟
34 敬語

35 **シキュウ**話したいことがある。
36 **ゼン**は急げ
37 富士山に初めて**トウチョウ**した。
38 好きな**ハイユウ**が出る映画だ。
39 学校**ホウモン**の日時を決めておきたい。
40 **ヨクジツ**には必ず配達します。
41 庭の**ジュモク**の手入れをする。
42 経済は**シンコク**な事態となっている。
43 新しく大学を**ソウリツ**する。
44 **ツウヤク**になるのがわたしの夢だ。

35 至急
36 善 辞
37 登頂
38 俳優
39 訪問
40 翌日
41 樹木
42 深刻 辞
43 創立
44 通訳 辞

意味をCheck!

14 内閣…国の政治を行う大臣たちの集まり。
17 裁判…正しいか悪いかを、法にもとづいて裁くこと。
21 観衆…大勢の見物人。
28 宝庫…役立つものを多く産出するところ。
36 善は急げ…よいと思ったことをするのにためらうなという意味。
42 深刻…物事のなりゆきがさしせまって重大な様子。
44 通訳…違う言葉を話す人の間に立って、両方の言葉を相手に通じる言葉にして伝えること。

頻出度 C ランク

書き取り②

目標時間 22分

1回目 /44

2回目 /44

● 次の——線のカタカナを漢字になおしなさい。

1 ここはリンジのバス停だ。
2 児童会で書記をタントウする。
3 ダンラクごとに要点をまとめる。
4 ハンごとに分かれて行動する。
5 春から役所にツトめることになった。
6 ココアにサトウを二杯(はい)入れる。
7 最年少で知事にシュウニンする。
8 マドベから外の景色をながめる。
9 兄は学者のタマゴだ。
10 はげましの言葉にカンゲキする。

解答
1 臨時
2 担当
3 段落
4 班
5 勤
6 砂糖
7 就任 辞
8 窓辺
9 卵
10 感激

11 父が早めにキタクした。
12 身体検査でキョウイをはかる。
13 家族でタイインのお祝いをした。
14 機械が苦手な人でもソウサできる。
15 人口のミッシュウ地を地図に示す。
16 歯ブラシでニュウシをみがく。
17 チョウジョウ決戦が行われる。
18 市長が「平和センゲン」を読み上げる。
19 決勝に敗れ、オウザの地位を失う。
20 テッコツ造りの家を建てる。

解答
11 帰宅
12 胸囲
13 退院
14 操作
15 密集 辞
16 乳歯
17 頂上
18 宣言 辞
19 王座
20 鉄骨

21 創立百周年を記念して**ショクジュ**する。
22 事故の**ショリ**を専門家にまかせる。
23 **ドクソウ**性を養う教育をする。
24 服をぬうのに**キヌイト**を使う。
25 妹と**ヒミツ**の話をする。
26 おたがいに**ジコ**紹介（しょうかい）をした。
27 **ソンケイ**される大人になりたい。
28 **ホウソウ**紙の上にのしをかけてもらう。
29 町の**ハッテン**のために力をそそぐ。
30 光が水に**ハンシャ**している。
31 右手を**コッセツ**してノートがとれない。
32 大雨**ケイホウ**が全域に発令された。
33 **セナカ**をだれかにおされる。
34 代金は**メイロウ**会計とします。

21 植樹
22 処理 辞
23 独創
24 絹糸
25 秘密
26 自己
27 尊敬 辞
28 包装
29 発展 辞
30 反射
31 骨折
32 警報 辞
33 背中
34 明朗

35 寒さが**ホネミ**にこたえる。
36 労働条件をさらに**カイゼン**する。
37 **コンナン**を乗りこえ元気に生きる。
38 学校で**セイトウ**政治について学ぶ。
39 **カタミチ**一時間かかる。
40 **ギモン**はいまだに残ったままだ。
41 **セイカ**をともしたトーチを持って走る。
42 **オンシ**の教えを心に刻む。
43 お祝いに**コウハク**まんじゅうをもらう。
44 **スナバ**で園児たちを遊ばせる。

35 骨身 辞
36 改善
37 困難
38 政党
39 片道
40 疑問
41 聖火
42 恩師
43 紅白
44 砂場

意味をCheck!

7 **就任**…ある役目や地位につくこと。
15 **密集**…すき間もないほどぎっしりと集まっている様子。
18 **宣言**…広く世間に発表すること。
22 **処理**…物事をさばいて始末すること。

27 **尊敬**…とうとび、うやまうこと。
29 **発展**…のび広がっていること。
32 **警報**…危険がせまっていると知らせること。
35 **骨身**…骨と肉。体。「骨身にこたえる」は、全身に強く感じる。

頻出度 C ランク

書き取り③

目標時間 22分

1回目 /44

2回目 /44

●次の――線のカタカナを漢字になおしなさい。

1 タンシュク授業で下校時間が早まる。
2 会場費を全員でフタンする。
3 勇気をフルうことの大切さを知る。
4 ハイザラのあるところでタバコを吸う。
5 電波ショウガイの原因を探る。
6 トウブンがひかえめの食べ物を選ぶ。
7 春にはベニイロの花がさく。
8 相手の人格をソンチョウする。
9 友人は一芸でザを盛り上げる。
10 税金を銀行でオサめる。

解答

1 短縮
2 負担
3 奮
4 灰皿
5 障害
6 糖分
7 紅色
8 尊重
9 座
10 納

11 学級の和をミダすことをした。
12 学習のイヨクが高まる。
13 知識のキュウシュウに意欲を持つ。
14 人口ミツドが高い地域だ。
15 コクモツ倉庫に米をしまう。
16 クロシオの別名は日本海流だ。
17 九州を自転車でジュウダンした。
18 キズグチを水で洗う。
19 ズボンのすそを少しチヂめる。
20 写真を一マイとらせてもらう。

解答

11 乱
12 意欲
13 吸収
14 密度 辞
15 穀物
16 黒潮 辞
17 縦断
18 傷口
19 縮
20 枚

☐ 21 老後は**オンダン**なところに住みたい。
☐ 22 正確な開始**ジコク**を知りたい。
☐ 23 ロックを**カイジョ**する方法を聞く。
☐ 24 放課後に**ガッソウ**の練習をする。
☐ 25 木造の**ジュウタク**が建ち並ぶ。
☐ 26 色とりどりの**ホウセキ**が輝(かがや)く。
☐ 27 トランポリンで**チュウ**返りをする。
☐ 28 **ガイロジュ**の手入れを行う。
☐ 29 駅前のスーパーは今月末で**ヘイテン**する。
☐ 30 東京の空の**ユウラン**飛行を楽しむ。
☐ 31 新しい学校では**エンゲキ**部に入りたい。
☐ 32 手ぶくろの**カタホウ**をどこかで落とした。
☐ 33 友だちに**ゴカイ**されて悲しい。
☐ 34 **セイジツ**な人がらで頼(たよ)りにされている。

21 温暖 辞
22 時刻
23 解除
24 合奏 辞
25 住宅
26 宝石
27 宙 辞
28 街路樹
29 閉店
30 遊覧 辞
31 演劇
32 片方
33 誤解
34 誠実

☐ 35 午前八時から寺を**ハイカン**できる。
☐ 36 早朝の**ナミキ**道をのんびりと歩く。
☐ 37 鉄道の**エンセン**に住んでいる。
☐ 38 仕事を皆(みな)で**ブンタン**する。
☐ 39 **クツウ**に顔をゆがめる。
☐ 40 服の**ネダン**が気になる。
☐ 41 **ヨクシュウ**に会う約束だ。
☐ 42 大好きな選手の**インタイ**を悲しむ。
☐ 43 来月までに橋を**ホキョウ**する計画だ。
☐ 44 地球の**ウラガワ**に行ってみたい。

35 拝観 辞
36 並木 辞
37 沿線
38 分担
39 苦痛
40 値段
41 翌週
42 引退
43 補強 辞
44 裏側

意味をCheck!

14 人口密度…人口がある単位の面積に分布する割合。
16 黒潮…日本海流ともいう。日本の近海を流れる海流。
21 温暖…あたたかで過ごしやすい気候であること。
24 合奏…二つ以上の楽器で同じ曲を演奏すること。

27 宙…地面からはなれたところ。
30 遊覧…見物してまわること。
35 拝観…神社や寺などをつつしんで見ること。
36 並木…市街や参道の道路にそって一列に植えた樹。
43 補強…弱いところを補い、強くすること。

頻出度 C ランク

書き取り④

目標時間 22分

1回目 /44

2回目 /44

● 次の――線のカタカナを漢字になおしなさい。

☐ 1 墓前に花をソナえる。
☐ 2 小学校でタテブエを習う。
☐ 3 チソウから昔の様子がわかる。
☐ 4 ヨウジ向けの番組が放送される。
☐ 5 夏はコウスイ量が少ない。
☐ 6 お弁当をタクハイしてもらう。
☐ 7 二人は同じアナのむじなだ。
☐ 8 ジシャクは鉄を引きつける性質がある。
☐ 9 リッパな行いをして表しょうされる。
☐ 10 たおれた木で山道がスンダンされた。

解答

1 供
2 縦笛
3 地層 辞
4 幼児
5 降水
6 宅配
7 穴
8 磁石
9 立派
10 寸断 辞

☐ 11 ゾウキ移植に関する法律が改正された。
☐ 12 姉はすぐれたズノウの持ち主だ。
☐ 13 板のカタガワに色をぬった。
☐ 14 ベニバナはキク科の一年草だ。
☐ 15 長いイシダンをかけ上がる。
☐ 16 母が一晩中カンビョウしてくれた。
☐ 17 いらなくなったものをショブンする。
☐ 18 ここは職員センヨウの食堂だ。
☐ 19 キンム地の希望を聞かれる。
☐ 20 祖父はシャクハチの名人だ。

解答

11 臓器
12 頭脳
13 片側
14 紅花
15 石段
16 看病
17 処分
18 専用
19 勤務
20 尺八 辞

21 国交ジュリツのために政府が働きかける。
22 沿岸のケイビを強化する。
23 カンタンそうな問題から解く。
24 頭がコンランして考えがまとまらない。
25 ここは立ち入り禁止のクイキだ。
26 日本海エンガンの道路から海をながめる。
27 木が燃えてハイが出た。
28 将来へのテンボウがない。
29 やかんからジョウキが出ている。
30 ハリガネでアクセサリーを作る。
31 屋根からロープをタらす。
32 キンコツたくましい男性だ。
33 売り上げに応じてシュウニュウが増える。
34 町に図書館がソウセツされた。

21 樹立
22 警備
23 簡単
24 混乱
25 区域
26 沿岸
27 灰
28 展望 辞
29 蒸気
30 針金
31 垂
32 筋骨
33 収入
34 創設 辞

35 戦争によるナンミンを受け入れる。
36 係の人がニッシをつける。
37 お手紙をハイケンいたしました。
38 重い荷物をセオう。
39 雨のため遠足がノびる。
40 ケイソウで山登りに出かける。
41 アルコールはすぐにジョウハツする。
42 病院でチュウシャを打つ。
43 半年分の会費をノウニュウする。
44 合格を目指してフンキする。

35 難民 辞
36 日誌
37 拝見
38 背負
39 延
40 軽装
41 蒸発
42 注射
43 納入 辞
44 奮起 辞

意味をCheck!

3 地層…いくつかの層からなる岩の集まり。
10 寸断…細かくずたずたに切ること。
20 尺八…竹で作った縦笛。
28 展望…各方面から広く見て、これから先の物事を考えること。

34 創設…施設や会社などを初めてつくること。
35 難民…戦争や天災にあって、のがれてきた人びと。
43 納入…学校や会社などに、お金や品物を納めること。
44 奮起…元気をふるい起こすこと。

頻出度 C ランク

書き取り⑤

目標時間 22分

1回目 /44

2回目 /44

● 次の——線のカタカナを漢字になおしなさい。

1 川の**リュウイキ**で文明が生まれた。
2 **ロウホウ**が届くことを信じている。
3 地震(しん)で**ダンソウ**ができた。
4 **テンシュカク**は重要文化財に指定されている。
5 失敗のないよう**メンミツ**な計画を練る。
6 ピンク色の**クチベニ**をつけて出かける。
7 部屋の**カタ**づけをする。
8 図書室の**ゾウショ**を点検する。
9 店は**カイソウ**して見違(ちが)えるようだ。
10 **ウラニワ**に犬小屋がある。

解答

1 流域 辞
2 朗報 辞
3 断層
4 天守閣 辞
5 綿密 辞
6 口紅
7 片
8 蔵書
9 改装
10 裏庭

11 欠席した友だちにプリントを**トド**ける。
12 ここで火を使うのは**ゲンキン**だ。
13 食品を**レイゾウ**で保存する。
14 **ハイイロ**のマフラーがよく似合う。
15 教室では**マドガワ**に座る。
16 試合の交通費は**シキュウ**されない。
17 この地図は**シュクシャク**五万分の一だ。
18 小銭(ぜに)が床(ゆか)に**サンラン**した。
19 動物の**スアナ**を見つけた。
20 パソコンの**デンゲン**を切る。

解答

11 届
12 厳禁
13 冷蔵
14 灰色
15 窓側
16 支給 辞
17 縮尺
18 散乱 辞
19 巣穴
20 電源

21 原書を日本語に**ヤク**す。
22 つい**ヨク**が出てしまう。
23 病院で**イ**の検査をしてもらう。
24 交番の**ケイサツカン**に道を聞く。
25 妹は写真に**ウツ**るのが好きだ。
26 国が思い切った**セイサク**を打ち出す。
27 最近は**コウシュウ**浴場を見かけない。
28 布を**サイダン**して洋服をぬう。
29 保健室で応急の**ショチ**をしてもらう。
30 野球観戦の**ショウタイケン**をもらった。
31 国民の意見を国会に**ハンエイ**させる。
32 **ホケツ**として合格する。
33 お客様の荷物を**アズ**かる。
34 桜やけやきは**ラクヨウジュ**だ。

21 訳
22 欲
23 胃
24 警察官
25 写
26 政策 辞
27 公衆
28 裁断
29 処置
30 招待券
31 反映
32 補欠 辞
33 預
34 落葉樹

35 自転車の**ジコ**が増えているという。
36 **クビスジ**から肩(かた)にかけて痛みが走る。
37 うそをついてしまい胸が**イタ**む。
38 書道の**テンラン**会に出品する。
39 京都の美術館で**エマキ**が公開される。
40 **ケイロウ**の精神を失わないようにする。
41 **サンチョウ**目指して登り続ける。
42 父は朝七時には**シュッキン**する。
43 お祝いの品を**イタダ**く。
44 あの立像は**コクホウ**に指定されている。

35 事故
36 首筋 辞
37 痛
38 展覧
39 絵巻
40 敬老
41 山頂
42 出勤
43 頂
44 国宝

意味をCheck!

1 流域…川の流れに沿った地域。
2 朗報…うれしい知らせ。
4 天守閣…城の中心(＝本丸)にある高いやぐら。
5 綿密…よく考えて、こまかいところまで行き届いていること。手落ちのないこと。

16 支給…お金や物をあたえること。
18 散乱…物が散らかり、乱れていること。
26 政策…政治を行うときの考え方や目標。
32 補欠…欠員を補うこと。
36 首筋…首の後ろの部分。

頻出度 C ランク

書き取り⑥

目標時間 22分

1回目 /44

2回目 /44

● 次の――線のカタカナを漢字になおしなさい。

1 私の説明の後で先生がホソクしてくれた。
2 出発を来週にノばす。
3 カナダはサテツの世界三大産地の一つだ。
4 ダム建設反対にショメイした。
5 犬はかい主にチュウジツだ。
6 朝からズツウがする。
7 バンごはんにはお肉が食べたい。
8 フンセンの末、勝利をおさめる。
9 新たなリロンを構築する。
10 イッコクを争う事態だ。

解答

1 補足 辞
2 延
3 砂鉄
4 署名
5 忠実
6 頭痛
7 晩
8 奮戦 辞
9 理論 辞
10 一刻 辞

11 国会の様子をテレビでウツす。
12 熱があるので学校をソウタイする。
13 罪を犯した者をサバく。
14 タワラの形のコロッケを作る。
15 練習したおかげでタイムがチヂまる。
16 鏡の前でベニをさす。
17 スジミチを立てて考える力を養う。
18 店員からつりセンを受け取る。
19 演劇の前売りケンを買う。
20 新プロジェクトのキボは大きい。

解答

11 映
12 早退
13 裁
14 俵
15 縮
16 紅
17 筋道
18 銭
19 券
20 規模 辞

21 早朝の森を**サンサク**する。
22 **ケンポウ**は国の基本のきまりである。
23 バスは**テイコク**に発車した。
24 男性は**ハデ**なシャツを身につけている。
25 **カンマツ**の資料がおもしろい。
26 年始に神社を**サンパイ**する。
27 **ヨキン**の残高を調べる。
28 **セイザ**していたら足がしびれた。
29 たまには親**コウコウ**をしようと思う。
30 会議では**シゴ**をつつしむ。
31 外国の曲の**カシ**を覚える。
32 国民には**ノウゼイ**の義務がある。
33 **ハイゴ**に人の気配がする。
34 ひどい**フクツウ**で夜もねむれない。

21 散策 辞
22 憲法
23 定刻
24 派手
25 巻末
26 参拝
27 預金
28 正座
29 孝行
30 私語
31 歌詞
32 納税
33 背後
34 腹痛

35 いかりが**チョウテン**に達する。
36 工事現場では**ズジョウ**に注意する。
37 おなかが痛いので**イチョウ**薬を飲んだ。
38 オリンピックが**ヘイマク**した。
39 独自の芸能を**デンショウ**する。
40 **ユウビンキョク**で葉書を買う。
41 学生時代は**ハイエイ**の選手でした。
42 **レイゾウコ**に肉を入れる。
43 **ハイ**活量が増えるようきたえる。
44 外資**ケイ**の高級ホテルにとまる。

35 頂点
36 頭上
37 胃腸
38 閉幕
39 伝承 辞
40 郵便局
41 背泳
42 冷蔵庫
43 肺
44 系 辞

意味をCheck!

1 **補足**…足りない部分を補うこと。
8 **奮戦**…力いっぱい戦うこと。
9 **理論**…筋道の通った考え。
10 **一刻**…わずかな時間。
20 **規模**…物事のしくみなどの大きさ。
21 **散策**…ぶらぶらと目的もなく歩くこと。
39 **伝承**…古くから語り伝えられている話。または古くから語り伝えること。
44 **外資系**…会社などが外国のお金をもとに運営されていること。

漢・字・パ・ズ・ル

おうちめいろ

マスの中には、二字、三字、四字の熟語があります。スタートの「一知半解（いっちはんかい）」から漢字のしりとりをして熟語をつなげ、ゴールを目指しましょう。

ゴール ⇧

		風	身	体	検	査		
	大	装	半	日	窓	外	昭	
笑	雨	水	上	誌	歌	気	田	作
美	焼	磁	取	刊	体	乗	並	年
飲	砂	石	中	月	風	鳥	花	土
貝	念	物	乳	乱	内	木	綿	布
善	男	善	女	老	素	材	建	家
親	両	三	神	経	質	入	頭	上
品	車	防	消	知	宣	着	卵	半
一	知	半	解	利	束	処	置	生

⇧ スタート

答え

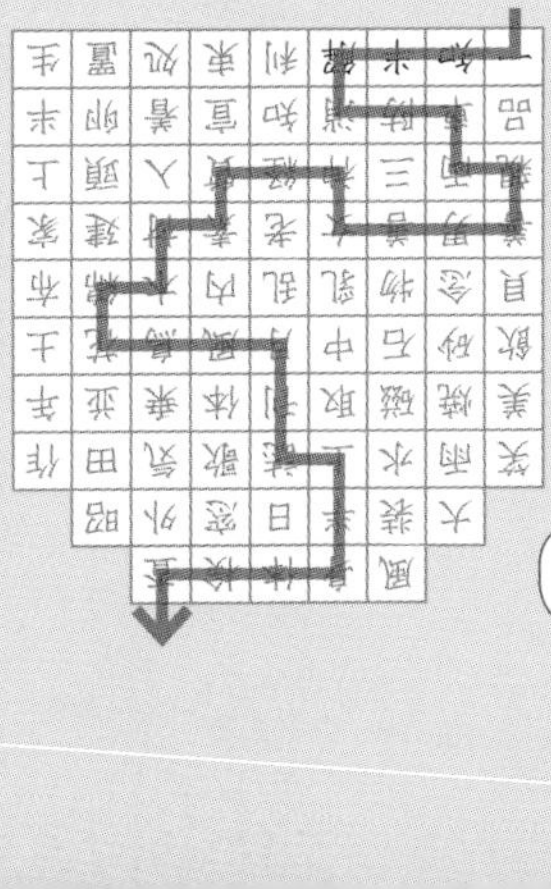

一知半解 ▶ 解消 ▶ 消防車
車両 ▶ 両親 ▶ 親善
善男善女 ▶ 女神 ▶ 神経質
質素 ▶ 素材 ▶ 材木 ▶ 木綿
綿花 ▶ 花鳥風月 ▶ 月刊誌
誌上 ▶ 上半身 ▶ 身体検査

模擬(ぎ)テスト

実際の試験と同じ形式の模擬テストを４回掲載しています。実際の試験は60分ですので、自分で時間を計ってやってみましょう。答え合わせも正確に行いましょう。合格点の目安は200点満点中の140点(70%程度)です。

本試験形式 第1回 模擬（ぎ）テスト

目標時間 60分
合格点 140点

1回目 ／200

2回目 ／200

解答は
172ページ

(一) 次の――線の**漢字の読み**を**ひらがな**で書きなさい。

1×20 ／20

1 川の流域はワインの産地で有名だ。（　　）

2 駅に近い部屋を探す。（　　）

3 山道で大きな穴を見つけた。（　　）

4 理科系の大学に進む予定だ。（　　）

5 プレゼントが届くのを楽しみに待つ。（　　）

6 蒸気でめがねがくもる。（　　）

7 私は卵料理が好物だ。（　　）

8 古くなった庁舎をたてなおす。（　　）

9 豊富な知識にはだれもが舌を巻く。（　　）

10 一般（ぱん）市民が聖火ランナーとして走る。（　　）

11 年末に障子紙をはりかえる。（　　）

12 灰をこやしとして利用する。（　　）

13 夏祭りの案内を回覧する。（　　）

14 あなたを疑うつもりはない。（　　）

15 郷里の母からの手紙を読む。（　　）

16 さしみを美しく皿に盛る。（　　）

17 貸し出し期間を延長する。（　　）

18 先週末は潮干（ひ）狩（が）りに行った。（　　）

19 発車寸前に乗り込（こ）むのはやめよう。（　　）

20 我と来て遊べや親のない雀（すずめ）（　　）

(二)

次の漢字の**部首**と**部首名**を後の□の中から選び、**記号**で答えなさい。

〈例〉村　部首［あ］　部首名［ケ］

漢字	部首	部首名
枚	1 □	2 □
裏	3 □	4 □
肺	5 □	6 □
盟	7 □	8 □
署	9 □	10 □

あ 木	い 欠	う 攵	え 罒	お 衣
か 亠	き 月	く 亻	け 皿	こ 大

ア だい　**イ** あみがしら・あみめ・よこめ
ウ ころも　**エ** にくづき　**オ** なべぶた・けいさんかんむり
カ にんべん　**キ** かける・あくび
ク のぶん・ぼくづくり　**ケ** きへん　**コ** さら

1×10　／10

(三)

次の漢字の**太い画**のところは**筆順の何画目**か、また**総画数は何画**か、**算用数字**（1、2、3…）で答えなさい。

〈例〉定　何画目（5）　総画数［8］

1 将（　）［　］
2 看（　）［　］
3 貴（　）［　］
4 陛（　）［　］
5 善（　）［　］

1×10　／10

(四) 次の――線の**カタカナ**の部分を**漢字一字と送りがな（ひらがな）**になおしなさい。

2×5 ／10

〈例〉海で**オヨグ**。〔泳ぐ〕

1 **オサナイ**ころ、京都に住んでいた。（　　）

2 父が**ムズカシイ**顔をしている。（　　）

3 ご仏前に花を**ソナエル**。（　　）

4 夕日が校舎を赤く**ソメル**。（　　）

5 すなおに**アヤマリ**を認める。（　　）

(五) 漢字の読みには**音と訓**があります。次の**熟語の読み**は□の中のどの組み合わせになっていますか。ア～エの**記号**で答えなさい。

2×10 ／20

ア 音と音　**イ** 音と訓　**ウ** 訓と訓　**エ** 訓と音

1 砂地（　　）

2 仏様（　　）

3 団子（　　）

4 批評（　　）

5 夕刊（　　）

6 骨身（　　）

7 親分（　　）

8 片道（　　）

9 看護（　　）

10 幕内（　　）

（六）

次の**カタカナ**を**漢字**になおし、**一字だけ**書きなさい。

2×10 ／20

1 **ウ**宙開発（　）
2 **ザ**席指定（　）
3 賛**ピ**両論（　）
4 **キ**急存亡（　）
5 基本方**シン**（　）
6 天地**ソウ**造（　）
7 **ユウ**便配達（　）
8 自画自**サン**（　）
9 **ゾウ**器移植（　）
10 公**シュウ**衛生（　）

（七）

後の□の中のひらがなを漢字になおして、**対義語**（意味が反対や対になることば）と、**類義語**（意味がよくにたことば）を書きなさい。□の中のひらがなは**一度だけ**使い、**漢字一字**を書きなさい。

2×10 ／20

対義語

1 借用―返□
2 義務―□利
3 保守―□新
4 公開―秘□
5 複雑―単□

類義語

6 向上―発□
7 努力―□勉
8 広告―□伝
9 任務―役□
10 後方―□後

かく・きん・けん・さい・じゅん
せん・てん・はい・みつ・わり

読み / 部首と部首名 / 画数 / 漢字と送りがな / 音と訓 / 四字の熟語 / 対義語・類義語 / 熟語作り / 熟語の構成 / 同じ読みの漢字 / 書き取り / 模擬テスト

(八)

後の□の中から漢字を選んで、次の意味にあてはまる**熟語**を作りなさい。答えは**記号**で書きなさい。

〈例〉およぐこと。(水泳) シ サ

2×5 /10

1 きもちがたかぶること。……
2 はなやかで人目につくさま。……
3 おしはかってきめること。……
4 引き受けること。受け持つこと。……
5 広げて大きくすること。……

ア 推	イ 興	ウ 張	エ 定	オ 担	カ 奮
キ 派	ク 拡	ケ 手	コ 負	サ 泳	シ 水

(九)

漢字を二字組み合わせた熟語では、二つの漢字の間に意味の上で、次のような関係があります。

2×10 /20

ア 反対や対になる意味の字を組み合わせたもの (例…軽重)
イ 同じような意味の字を組み合わせたもの (例…身体)
ウ 上の字が下の字の意味を説明(修飾)しているもの (例…会員)
エ 下の字から上の字へ返って読むと意味がよくわかるもの (例…着火)

次の**熟語**は右のア〜エのどれにあたるか、**記号**で答えなさい。

1 半熟( ) 2 縦横( ) 3 勤務( )
4 観劇( ) 5 問答( ) 6 仁愛( )
7 洗車( ) 8 養蚕( ) 9 取捨( )
10 国宝( )

(十)

次の――線の**カタカナ**を**漢字**になおしなさい。

2×10 /20

1 近シ用のめがねが必要だ。( )
2 シ近距離(きょり)からねらい打つ。( )

☐ **3** 無断で立ち入るのは**ゲン**禁だ。（　）
☐ **4** 川の**ゲン**流でつりをする。（　）
☐ **5** 友達の住所を書き**ウツ**す。（　）
☐ **6** スライドを**ウツ**して見せる。（　）
☐ **7** 週末から気温が**コウ**下するらしい。（　）
☐ **8** 体が**コウ**鉄でできている。（　）
☐ **9** 仲間で**トウ**論会を開く。（　）
☐ **10** 徒**トウ**を組んで戦う。（　）

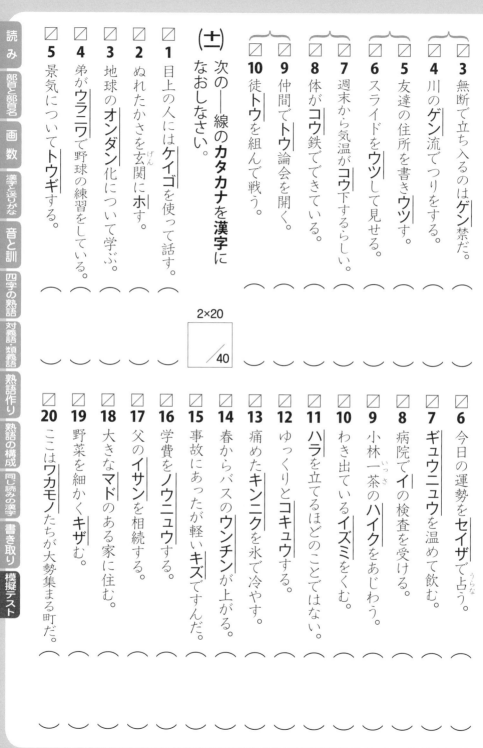

(十一) 次の――線の**カタカナ**を**漢字**になおしなさい。

2×20　/40

☐ **1** 目上の人には**ケイゴ**を使って話す。（　）
☐ **2** ぬれたかさを玄関（げん）に**ホ**す。（　）
☐ **3** 地球の**オンダン**化について学ぶ。（　）
☐ **4** 弟が**ウラニワ**で野球の練習をしている。（　）
☐ **5** 景気について**トウギ**する。（　）
☐ **6** 今日の運勢を**セイザ**で占（うらな）う。（　）
☐ **7** **ギュウニュウ**を温めて飲む。（　）
☐ **8** 病院で**イ**の検査を受ける。（　）
☐ **9** 小林一茶（いっさ）の**ハイク**をあじわう。（　）
☐ **10** わき出ている**イズミ**をくむ。（　）
☐ **11** **ハラ**を立てるほどのことではない。（　）
☐ **12** ゆっくりと**コキュウ**する。（　）
☐ **13** 痛めた**キンニク**を氷で冷やす。（　）
☐ **14** 春からバスの**ウンチン**が上がる。（　）
☐ **15** 事故にあったが軽い**キズ**ですんだ。（　）
☐ **16** 学費を**ノウニュウ**する。（　）
☐ **17** 父の**イサン**を相続する。（　）
☐ **18** 大きな**マド**のある家に住む。（　）
☐ **19** 野菜を細かく**キザ**む。（　）
☐ **20** ここは**ワカモノ**たちが大勢集まる町だ。（　）

本試験形式 第2回 模擬(ぎ)テスト

目標時間 60分
合格点 140点
1回目 /200
2回目 /200
解答は173ページ

（一） 次の――線の**漢字の読み**を**ひらがな**で書きなさい。

1×20 /20

1 批評を参考にして商品を買う。（　　）
2 大学病院に勤める姉がいる。（　　）
3 鋼鉄のような強い精神をもつ。（　　）
4 自由研究で蚕を観察した。（　　）
5 得意の洋裁で、母がドレスをぬう。（　　）
6 歌詞を紙に書き写しておぼえる。（　　）
7 相手の意見を尊重する。（　　）
8 樹液に虫たちが集まる。（　　）
9 試合を前にしてみなが奮い立つ。（　　）
10 市民陸上競技会が開幕した。（　　）
11 その女性はだれもが認める天才だ。（　　）
12 アジア諸国を旅する。（　　）
13 毎週土曜日に上ばきを洗う。（　　）
14 穀物はわたしたちの主食である。（　　）
15 横のものを縦にもしない人だ。（　　）
16 歴史のある寺院を訪ねる。（　　）
17 祖父のふく尺八の音が聞こえる。（　　）
18 宿題が終わらなくて困る。（　　）
19 胸をはって行進する。（　　）
20 五月雨(さみだれ)や穴のあくほど見る柱（　　）

(二)

次の漢字の**部首**と**部首名**を後の□の中から選び、**記号**で答えなさい。

〈例〉何　部首　う　部首名　キ

	漢字	部首	部首名
☐	臓	1	2
☐	庁	3	4
☐	憲	5	6
☐	党	7	8
☐	欲	9	10

あ 欠　い 广　う 亻　え 八　お 人

か 儿　き 月　く 宀　け 土　こ 心

ア うかんむり　イ あくび・かける

ウ にくづき　エ こころ

オ ひとあし　カ ひと

キ にんべん　ク はち

ケ つち　コ まだれ

1×10 /10

(三)

次の漢字の**太い画**のところは**筆順の何画目**か、また**総画数は何画**か、**算用数字**（1、2、3…）で答えなさい。

〈例〉定　何画目（5）　総画数［8］

	漢字	何画目	総画数
☐ 1	俳	（　）	［　］
☐ 2	裁	（　）	［　］
☐ 3	染	（　）	［　］
☐ 4	宙	（　）	［　］
☐ 5	脳	（　）	［　］

1×10 /10

（四）次の——線のカタカナの部分を漢字一字と送りがな（ひらがな）になおしなさい。

2×5　／10

〈例〉海でオヨグ。　泳ぐ

1 この景色は一生ワスレルことはないだろう。（　）
2 正しく分別してごみをステル。（　）
3 一般（ぱん）公開された仏像をオガム。（　）
4 ハゲシイ雨でずぶぬれになった。（　）
5 予期せぬ出来事に心がミダレル。（　）

（五）漢字の読みには音と訓があります。次の熟語の読みは□の中のどの組み合わせになっていますか。ア〜エの記号で答えなさい。

2×10　／20

ア 音と音　イ 音と訓　ウ 訓と訓　エ 訓と音

1 番付（　）
2 筋道（　）
3 裏作（　）
4 宗教（　）
5 傷口（　）
6 試合（　）
7 灰皿（　）
8 指揮（　）
9 若気（　）
10 役割（　）

（六）次のカタカナを漢字になおし、一字だけ書きなさい。

2×10 ／20

1 酸素**キュウ**入（　　）
2 針小**ボウ**大（　　）
3 **セン**業農家（　　）
4 **カブ**式会社（　　）
5 高**ソウ**建築（　　）
6 器楽合**ソウ**（　　）
7 時間**ゲン**守（　　）
8 人気絶**チョウ**（　　）
9 油**ダン**大敵（　　）
10 学習意**ヨク**（　　）

（七）後の□の中のひらがなを漢字になおして、**対義語**（意味が反対や対になることば）と、**類義語**（意味がよくにたことば）を書きなさい。□の中のひらがなは**一度だけ**使い、**漢字一字**を書きなさい。

2×10 ／20

対義語

1 往復―□道
2 通常―□時
3 公用―□用
4 容易―困□
5 退職―□職

類義語

6 感心―□服
7 入会―加□
8 同意―□成
9 価格―値□
10 他界―死□

かた・けい・さん・し・しゅう
だん・なん・ぼう・めい・りん

(八)

後の□の中から漢字を選んで、次の意味にあてはまる**熟語**を作りなさい。答えは**記号**で書きなさい。

〈例〉たちあがること。（起立）　シ／サ

2×5　／10

☐ **1** とりのぞくこと。…………［　／　］

☐ **2** 病人の世話をすること。…………［　／　］

☐ **3** まじめでまごころがあること。…………［　／　］

☐ **4** よく調べて考えること。…………［　／　］

☐ **5** 気をつけるよう前もって注意すること。…………［　／　］

ア 警	**イ** 実	**ウ** 告	**エ** 検	**オ** 討	**カ** 看
キ 去	**ク** 誠	**ケ** 除	**コ** 護	**サ** 立	**シ** 起

(九)

漢字を二字組み合わせた熟語では、二つの漢字の間に意味の上で、次のような関係があります。

2×10　／20

ア 反対や対(つい)になる意味の字を組み合わせたもの（例…**軽重**）

イ 同じような意味の字を組み合わせたもの（例…**身体**）

ウ 上の字が下の字の意味を説明(修飾(しょく))しているもの（例…**会員**）

エ 下の字から上の字へ返って読むと意味がよくわかるもの（例…**着火**）

次の**熟語**は右のア〜エのどれにあたるか、**記号**で答えなさい。

☐ **1** 洗車（　）　☐ **2** 善悪（　）　☐ **3** 温暖（　）

☐ **4** 胸囲（　）　☐ **5** 乳歯（　）　☐ **6** 干満（　）

☐ **7** 翌週（　）　☐ **8** 存在（　）　☐ **9** 延期（　）

☐ **10** 収支（　）

(十)

次の――線の**カタカナ**を**漢字**になおしなさい。

☐ **1** 正しい**コ**吸法を身につける。（　　）

☐ **2** それぞれ自**コ**紹介(しょうかい)をする。（　　）

2×10　／20

3 **ユウ**良な図書を多数備える。（　　）
4 **ユウ**便料金を調べる。（　　）
5 部長のお**トモ**で取引先に行く。（　　）
6 **トモ**に喜びを分かち合う。（　　）
7 ミサイルの発**シャ**実験を行う。（　　）
8 新しい校**シャ**が完成する。（　　）
9 姉は毎朝**コウ**茶を飲む。（　　）
10 トレーニングの**コウ**果が現れる。（　　）

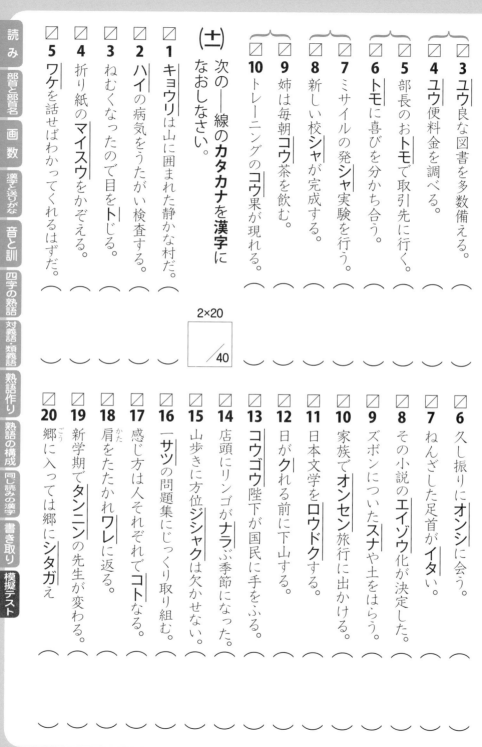

(十) 次の――線の**カタカナ**を**漢字**になおしなさい。

2×20　／40

1 **キョウリ**は山に囲まれた静かな村だ。（　　）
2 **ハイ**の病気をうたがい検査する。（　　）
3 ねむくなったので目を**ト**じる。（　　）
4 折り紙の**マイスウ**をかぞえる。（　　）
5 **ワケ**を話せばわかってくれるはずだ。（　　）
6 久し振りに**オンシ**に会う。（　　）
7 ねんざした足首が**イタ**い。（　　）
8 その小説の**エイゾウ**化が決定した。（　　）
9 ズボンについた**スナ**や土をはらう。（　　）
10 家族で**オンセン**旅行に出かける。（　　）
11 日本文学を**ロウドク**する。（　　）
12 日が**ク**れる前に下山する。（　　）
13 **コウゴウ**陛下が国民に手をふる。（　　）
14 店頭にリンゴが**ナラ**ぶ季節になった。（　　）
15 山歩きに方位**ジシャク**は欠かせない。（　　）
16 一**サツ**の問題集にじっくり取り組む。（　　）
17 感じ方は人それぞれで**コト**なる。（　　）
18 肩(かた)をたたかれ**ワレ**に返る。（　　）
19 新学期で**タンニン**の先生が変わる。（　　）
20 郷(ごう)に入っては郷に**シタガ**え（　　）

本試験形式 第3回 模擬(ぎ)テスト

目標時間 60分
合格点 140点
1回目 /200
2回目 /200

解答は174ページ

(一) 次の――線の**漢字の読み**を**ひらがな**で書きなさい。

1×20 /20

1 日本における宗教の歴史を学ぶ。( )
2 すべての命は尊いものだ。( )
3 かくし味に砂糖を入れる。( )
4 敵に背を向けるな。( )
5 牛乳がパワーの源だ。( )
6 ふたりのいさかいを公平に裁く。( )
7 神秘的な光景が目にやきついている。( )
8 発表会の本番では成功を収めた。( )
9 法律にそむくことをしてはいけない。( )
10 ここは幼児用の服を売る店だ。( )
11 議論の末、中止という結論に至る。( )
12 山の中腹までは車で行った。( )
13 アレルギーをおこす物質を除く。( )
14 痛快な気分で一日を過ごす。( )
15 暖かい室内でくつろぐ。( )
16 仏像を拝観するための列にならぶ。( )
17 校舎の拡張工事がはじまる。( )
18 秋の味覚を存分に楽しむ。( )
19 言葉づかいには厳しい人だ。( )
20 雪残る頂一つ国境( )

読み　部首と部首名　画数　漢字と送りがな　音と訓　四字の熟語　対義語・類義語　熟語作り　熟語の構成　同じ読みの漢字　書き取り　模擬テスト

(二)

次の漢字の**部首**と**部首名**を後の□の中から選び、**記号**で答えなさい。

〈例〉永　部首［い］　部首名［ケ］

1×10　/10

	部首	部首名
層	1	2
蒸	3	4
創	5	6
泉	7	8
簡	9	10

あ 心　い 水　う 門　え ⺮　お 亻
か 灬　き 艹　く 入　け 刂　こ 尸

ア ひとやね　イ たけかんむり　ウ かばね・しかばね
エ くさかんむり　オ りっとう　カ こころ
キ れんが・れっか　ク にんべん
ケ みず　コ もんがまえ

(三)

次の漢字の**太い画**のところは**筆順の何画目**か、また**総画数は何画**か、**算用数字**（1、2、3…）で答えなさい。

〈例〉定　何画目（5）　総画数［8］

1×10　/10

1 皇　何画目（　）　総画数［　］
2 片（　）［　］
3 衆（　）［　］
4 冊（　）［　］
5 孝（　）［　］

(四)

次の——線のカタカナの部分を**漢字一字と送りがな（ひらがな）**になおしなさい。

2×5 ／10

〈例〉海で**オヨグ**。 泳ぐ

□ **1** 体格の不利を技術で**オギナウ**。（　　）

□ **2** はずかしさで身が**チヂマル**。（　　）

□ **3** その事実を**ウタガウ**余地はない。（　　）

□ **4** 説明書に**シタガッ**て組み立てる。（　　）

□ **5** 不注意でひじが当たり花びんが**ワレル**。（　　）

(五)

漢字の読みには**音と訓**があります。次の**熟語の読み**は□の中のどの組み合わせになっていますか。ア～エの**記号**で答えなさい。

2×10 ／20

ア 音と音　**イ** 音と訓　**ウ** 訓と訓　**エ** 訓と音

□ **1** 節穴（　　）

□ **2** 温泉（　　）

□ **3** 道順（　　）

□ **4** 職場（　　）

□ **5** 運賃（　　）

□ **6** 窓口（　　）

□ **7** 両側（　　）

□ **8** 口紅（　　）

□ **9** 係員（　　）

□ **10** 札束（　　）

（六）次のカタカナを漢字になおし、一字だけ書きなさい。

2×10 ／20

1 世界イ産（　）
2 政治改カク（　）
3 雨天順エン（　）
4 首ノウ会議（　）
5 直シャ日光（　）
6 エン岸漁業（　）
7 国際親ゼン（　）
8 家庭ホウ問（　）
9 政治トウ論（　）
10 大器バン成（　）

（七）後の□の中のひらがなを漢字になおして、対義語（意味が反対や対になることば）と、類義語（意味がよくにたことば）を書きなさい。□の中のひらがなは一度だけ使い、漢字一字を書きなさい。

2×10 ／20

対義語

1 神社―仏□
2 河口―水□
3 水平―□直
4 実物―□型
5 横断―□断

類義語

6 役者―俳□
7 出生―□生
8 方法―方□
9 有名―□名
10 快活―明□

かく・げん・さく・じゅう・すい
たん・ちょ・も・ゆう・ろう

（八）

後の□の中から漢字を選んで、次の意味にあてはまる**熟語**を作りなさい。答えは**記号**で書きなさい。

〈例〉本や書物のこと。（図書）　シ サ

- ☐ **1** 物をたくわえてしまっておくこと。……［　　］
- ☐ **2** 国をおさめるためのおおもとのきまり。……［　　］
- ☐ **3** ものごとをおそれない心。……［　　］
- ☐ **4** 機械などをあやつり動かすこと。……［　　］
- ☐ **5** 物事をさばいてかたづけること。……［　　］

ア 作	イ 蔵	ウ 度	エ 理	オ 憲	カ 処
キ 操	ク 法	ケ 胸	コ 貯	サ 書	シ 図

2×5　／10

（九）

漢字を二字組み合わせた熟語では、二つの漢字の間に意味の上で、次のような関係があります。

2×10　／20

- **ア** 反対や対(つい)になる意味の字を組み合わせたもの（例…**軽重**）
- **イ** 同じような意味の字を組み合わせたもの（例…**身体**）
- **ウ** 上の字が下の字の意味を説明(修飾(しょく))しているもの（例…**会員**）
- **エ** 下の字から上の字へ返って読むと意味がよくわかるもの（例…**着火**）

次の**熟語**は右のア～エのどれにあたるか、**記号**で答えなさい。

- ☐ **1** 班長（　）　☐ **2** 公私（　）　☐ **3** 豊富（　）
- ☐ **4** 負傷（　）　☐ **5** 困苦（　）　☐ **6** 絹糸（　）
- ☐ **7** 肥満（　）　☐ **8** 開閉（　）　☐ **9** 育児（　）
- ☐ **10** 特権（　）

（十）

次の――線の**カタカナ**を**漢字**になおしなさい。

2×10　／20

- ☐ **1** 合唱の指**キ**者に選ばれた。（　　）
- ☐ **2** 冬山の登山は**キ**険がともなう。（　　）

3 川の水位が急ゲキに増加した。（　）
4 東京で母とオペラを観ゲキする予定だ。（　）
5 ひとりぐらしを決意し、スむ場所を見つける。（　）
6 あやまればスむと思うな。（　）
7 トウ首を選挙で選ぶ。（　）
8 コーヒーは砂トウを入れずに飲む。（　）
9 チョウのヨウ虫を育てる。（　）
10 授業の内ヨウを理解する。（　）

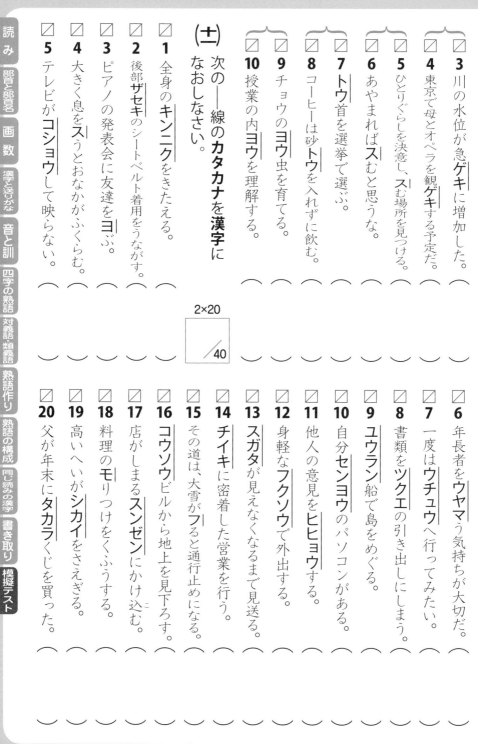

(十一) 次の——線のカタカナを漢字になおしなさい。

2×20

/40

1 全身のキンニクをきたえる。（　）
2 後部ザセキのシートベルト着用をうながす。（　）
3 ピアノの発表会に友達をヨぶ。（　）
4 大きく息をスうとおなかがふくらむ。（　）
5 テレビがコショウして映らない。（　）
6 年長者をウヤマう気持ちが大切だ。（　）
7 一度はウチュウへ行ってみたい。（　）
8 書類をツクエの引き出しにしまう。（　）
9 ユウラン船で島をめぐる。（　）
10 自分センヨウのパソコンがある。（　）
11 他人の意見をヒヒョウする。（　）
12 身軽なフクソウで外出する。（　）
13 スガタが見えなくなるまで見送る。（　）
14 チイキに密着した営業を行う。（　）
15 その道は、大雪がフると通行止めになる。（　）
16 コウソウビルから地上を見下ろす。（　）
17 店がしまるスンゼンにかけ込(こ)む。（　）
18 料理のモりつけをくふうする。（　）
19 高いへいがシカイをさえぎる。（　）
20 父が年末にタカラくじを買った。（　）

本試験形式

第4回 模擬テスト

目標時間 60分

合格点 140点

1回目 ／200

2回目 ／200

解答は175ページ

(一) 次の――線の漢字の読みをひらがなで書きなさい。

1×20 ／20

1 パソコンの操作を覚える。（　　）
2 農村で貴重な体験をする。（　　）
3 試合の前は興奮して眠(ねむ)れない。（　　）
4 短い時間で簡潔に説明する。（　　）
5 水玉模様のかさを買う。（　　）
6 ピアノの演奏に感動した。（　　）
7 先生の指示に従う。（　　）
8 誠実な性格でみなに好かれている。（　　）
9 災害の救済活動が始まる。（　　）
10 足に負担の少ないくつをはく。（　　）
11 文字を拡大して読む。（　　）
12 父はいつも夜おそく帰宅する。（　　）
13 姿勢を正して話を聞く。（　　）
14 先生や両親を敬う。（　　）
15 異なる意見も大切に聞く。（　　）
16 マラソンで筋力をきたえる。（　　）
17 他人の意見も尊重する。（　　）
18 海辺の潮風を楽しむ。（　　）
19 臨時列車で旅をする。（　　）
20 毒草のそぶりも見えぬ若葉かな（　　）

(二) 次の漢字の**部首**と**部首名**を後の□の中から選び、**記号**で答えなさい。

〈例〉休 部首 こ 部首名 キ

1×10 /10

漢字	部首	部首名
困	1	2
座	3	4
染	5	6
宣	7	8
誠	9	10

あ 木　い 广　う 氵　え 口　お 言
か 木　き 曰　く 宀　け 冖　こ 亻

ア うかんむり　イ き　ウ きへん
エ くにがまえ　オ さんずい
カ ごんべん　キ にんべん
ク ひらび・いわく　ケ まだれ
コ わかんむり

(三) 次の漢字の**太い画**のところは**筆順の何画目**か、また**総画数は何画**か、**算用数字**（1、2、3…）で答えなさい。

〈例〉定 何画目（5）総画数〔8〕

1×10 /10

	漢字	何画目	総画数
1	骨	（　）	〔　〕
2	党	（　）	〔　〕
3	班	（　）	〔　〕
4	臨	（　）	〔　〕
5	障	（　）	〔　〕

(四)

次の――線の**カタカナ**の部分を**漢字一字と送りがな（ひらがな）**になおしなさい。

2×5 ／10

〈例〉海で**オヨグ**。 泳ぐ

1 銀行にお金を**アズケル**。（　）

2 郵便局の人がはがきを**トドケル**。（　）

3 自分の悪い点を**ミトメル**。（　）

4 勇気を**フルッテ**発言する。（　）

5 私を**ノゾイテ**五人が参加する。（　）

(五)

漢字の読みには**音と訓**があります。次の**熟語の読み**は□の中のどの組み合わせになっていますか。ア～エの**記号**で答えなさい。

2×10 ／20

ア 音と音　**イ** 音と訓　**ウ** 訓と訓　**エ** 訓と音

1 沿岸（　）

2 指図（　）

3 黒潮（　）

4 場所（　）

5 探検（　）

6 縦糸（　）

7 背骨（　）

8 台所（　）

9 残高（　）

10 値段（　）

（六）

次の**カタカナ**を**漢字**になおし、**一字だけ**書きなさい。

2×10　／20

- □ **1** 一心不**ラン**（　　）
- □ **2** 防災対**サク**（　　）
- □ **3** 半信半**ギ**（　　）
- □ **4** 予防注**シャ**（　　）
- □ **5** 開会**セン**言（　　）
- □ **6** 主**ケン**在民（　　）
- □ **7** **イ**口同音（　　）
- □ **8** 無理**ナン**題（　　）
- □ **9** 心機一**テン**（　　）
- □ **10** 栄養**ホ**給（　　）

（七）

後の□の中のひらがなを漢字になおして、**対義語**（意味が反対や対(つい)になることば）と、**類義語**（意味がよくにたことば）を書きなさい。□の中のひらがなは**一度だけ**使い、**漢字一字**を書きなさい。

2×10　／20

対義語

- □ **1** 拡大―□小
- □ **2** 外出―帰□
- □ **3** 快楽―苦□
- □ **4** 目的―手□
- □ **5** 発散―□収

類義語

- □ **6** 感動―感□
- □ **7** 助言―□告
- □ **8** 改良―改□
- □ **9** 直前―□前
- □ **10** 未来―□来

きゅう・げき・しゅく・しょう・すん
ぜん・たく・だん・ちゅう・つう

(八)

後の□の中から漢字を選んで、次の意味にあてはまる**熟語**を作りなさい。答えは**記号**で書きなさい。

〈例〉打ちあけること。（告白）シ・サ

1 名前がよく知られているさま。……［　］

2 心がすなおできよらかなさま。……［　］

3 そのものが持っているねうち。……［　］

4 人間の頭ではわからないほどふしぎなこと。……［　］

5 人の家をたずねること。……［　］

ア 問	イ 値	ウ 著	エ 真	オ 名	カ 価
キ 秘	ク 純	ケ 訪	コ 神	サ 白	シ 告

2×5　／10

(九)

漢字を二字組み合わせた熟語では、二つの漢字の間に意味の上で、次のような関係があります。

ア	反対や対(つい)になる意味の字を組み合わせたもの	（例…**軽重**）
イ	同じような意味の字を組み合わせたもの	（例…**身体**）
ウ	上の字が下の字の意味を説明（修飾(しょく)）しているもの	（例…**会員**）
エ	下の字から上の字へ返って読むと意味がよくわかるもの	（例…**着火**）

次の**熟語**は右のア〜エのどれにあたるか、**記号**で答えなさい。

1 除去（　）　2 尊敬（　）　3 紅白（　）

4 幼虫（　）　5 就職（　）　6 立腹（　）

7 潮風（　）　8 厳守（　）　9 補足（　）

10 得失（　）

2×10　／20

(十)

次の——線の**カタカナ**を**漢字**になおしなさい。

1 大声で話すのは<u>ゲン</u>禁だ。（　）

2 パソコンを電<u>ゲン</u>に接続する。（　）

2×10　／20

- 3　方位**ジ**針が南を指す。（　　）
- 4　自宅の近くに**ジ**童公園がある。（　　）
- 5　制度を**カン**潔に説明する。（　　）
- 6　新しい雑誌が**カン**行された。（　　）
- 7　**セイ**実な対応に好感をもつ。（　　）
- 8　**セイ**火ランナーがゆっくり走る。（　　）
- 9　鳥が地面に**コウ**下する。（　　）
- 10　スピーチの**コウ**成を考える。（　　）

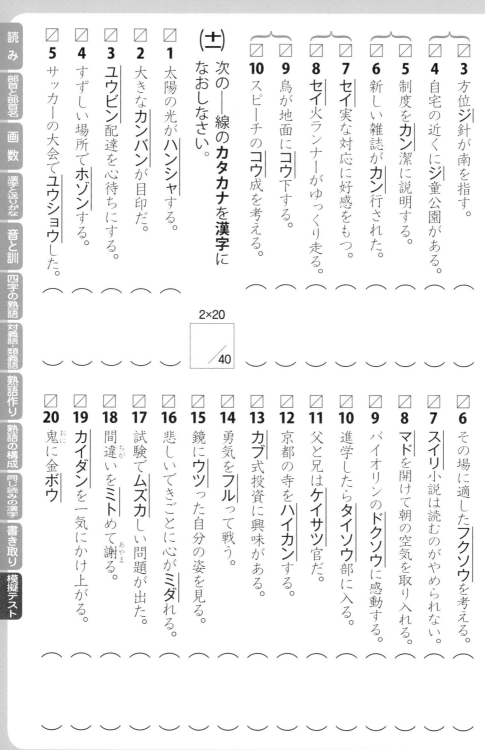

(十) 次の――線の**カタカナ**を**漢字**になおしなさい。

2×20　／40

- 1　太陽の光が**ハンシャ**する。（　　）
- 2　大きな**カンバン**が目印だ。（　　）
- 3　**ユウビン**配達を心待ちにする。（　　）
- 4　すずしい場所で**ホゾン**する。（　　）
- 5　サッカーの大会で**ユウショウ**した。（　　）
- 6　その場に適した**フクソウ**を考える。（　　）
- 7　**スイリ**小説は読むのがやめられない。（　　）
- 8　**マド**を開けて朝の空気を取り入れる。（　　）
- 9　バイオリンの**ドクソウ**に感動する。（　　）
- 10　進学したら**タイソウ**部に入る。（　　）
- 11　父と兄は**ケイサツ**官だ。（　　）
- 12　京都の寺を**ハイカン**する。（　　）
- 13　**カブ**式投資に興味がある。（　　）
- 14　勇気を**フル**って戦う。（　　）
- 15　鏡に**ウツ**った自分の姿を見る。（　　）
- 16　悲しいできごとに心が**ミダ**れる。（　　）
- 17　試験で**ムズカ**しい問題が出た。（　　）
- 18　間違(ちが)いを**ミト**めて謝(あやま)る。（　　）
- 19　**カイダン**を一気にかけ上がる。（　　）
- 20　鬼(おに)に金**ボウ**（　　）

本試験形式 第1回 模擬(ぎ)テスト 解答

問題は148~153ページ

(一)
1 りゅういき
2 さが
3 あな
4 けい
5 とど
6 じょうき
7 たまご
8 ちょうしゃ
9 ま
10 せいか
11 しょうじ
12 はい
13 かいらん
14 うたが
15 きょうり
16 も
17 えんちょう
18 しお
19 すんぜん
20 われ

(二)
1 あ
2 ケ
3 お
4 ウ
5 き
6 エ
7 け
8 コ
9 え
10 イ

(三)
	1	2	3	4	5
何画目	3	4	5	3	6
総画数	10	9	12	10	12

(四)
1 幼い
2 難しい
3 供える
4 染める
5 誤り

(五)
1 エ
2 ウ
3 イ
4 ア
5 エ
6 ウ
7 エ
8 ウ
9 ア
10 イ

(六)
1 宇
2 座
3 否
4 危
5 針
6 創
7 郵
8 賛
9 臓
10 衆

(七)
1 済
2 権
3 革
4 密
5 純
6 展
7 勤
8 宣
9 割
10 背

(八)
1 イ カ
2 キ ケ
3 ア エ
4 コ オ
5 ク ウ

(九)
1 ウ
2 ア
3 イ
4 エ
5 ア
6 イ
7 エ
8 エ
9 ア
10 ウ

(十)
1 視
2 至
3 厳
4 源
5 写
6 映
7 降
8 鋼
9 討
10 党

(十一)
1 敬語
2 干
3 温暖
4 裏庭
5 討議
6 星座
7 牛乳
8 胃
9 俳句
10 泉
11 腹
12 呼吸
13 筋肉
14 運賃
15 傷
16 納入
17 遺産
18 窓
19 刻
20 若者

本試験形式 第2回 模擬(ぎ)テスト 解答

問題は154~159ページ

(一)

1 ひひょう
2 つと
3 こうてつ
4 かいこ
5 ようさい
6 かし
7 そんちょう
8 じゅえき
9 ふる
10 かいまく
11 みと
12 しょこく
13 あら
14 こくもつ
15 たて
16 たず
17 しゃくはち
18 こま
19 むね
20 あな

(二)

1 き
2 ウ
3 い
4 コ
5 こ
6 エ
7 か
8 オ
9 あ
10 イ

(三)

	1	2	3	4	5
何画目	3	10	4	6	8
総画数	10	12	9	8	11

(四)

1 忘れる
2 捨てる
3 拝む
4 激しい
5 乱れる

(五)

1 イ
2 ウ
3 エ
4 ア
5 ウ
6 イ
7 ウ
8 ア
9 エ
10 イ

(六)

1 吸
2 棒
3 専
4 株
5 層
6 奏
7 厳
8 頂
9 断
10 欲

(七)

1 片
2 臨
3 私
4 難
5 就
6 敬
7 盟
8 賛
9 段
10 亡

(八)

1 ケ キ
2 カ コ
3 ク イ
4 エ オ
5 ア ウ

(九)

1 エ
2 ア
3 イ
4 ウ
5 ウ
6 ア
7 ウ
8 イ
9 エ
10 ア

(十)

1 呼
2 己
3 優
4 郵
5 供
6 共
7 射
8 舎
9 紅
10 効

(十一)

1 郷里
2 肺
3 閉
4 枚数
5 訳
6 恩師
7 痛
8 映像
9 砂
10 温泉
11 朗読
12 暮
13 皇后
14 並
15 磁石
16 冊
17 異
18 我
19 担任
20 従

問題は160~165ページ

(一)

1 しゅうきょう
2 たっと・とうと
3 さとう
4 せ
5 みなもと
6 さば
7 しんぴてき
8 おさ
9 ほうりつ
10 ようじ
11 いた
12 ちゅうふく
13 のぞ
14 つうかい
15 あたた
16 はいかん
17 かくちょう
18 ぞんぶん
19 きび
20 いただき

(二)

1 こ
2 ウ
3 き
4 エ
5 け
6 オ
7 い
8 ケ
9 え
10 イ

(三)

	1	2	3	4	5
何画目	8	3	8	3	4
総画数	9	4	12	5	7

(四)

1 補う
2 縮まる
3 疑う
4 従っ
5 割れる

(五)

1 ウ
2 ア
3 エ
4 イ
5 ア
6 ウ
7 イ
8 ウ
9 エ
10 イ

(六)

1 遺
2 革
3 延
4 脳
5 射
6 沿
7 善
8 訪
9 討
10 晩

(七)

1 閣
2 源
3 垂
4 模
5 縦
6 優
7 誕
8 策
9 著
10 朗

(八)

1 コ イ
2 オ ク
3 ウ ケ
4 キ ア
5 カ エ

(九)

1 ウ
2 ア
3 イ
4 エ
5 イ
6 ウ
7 イ
8 ア
9 エ
10 ウ

(十)

1 揮
2 危
3 激
4 劇
5 住
6 済
7 党
8 糖
9 幼
10 容

(十一)

1 筋肉
2 座席
3 呼
4 吸
5 故障
6 敬
7 宇宙
8 机
9 遊覧
10 専用
11 批評
12 服装
13 姿
14 地域
15 降
16 高層
17 寸前
18 盛
19 視界
20 宝

第4回 模擬テスト 解答

問題は166~171ページ

(一)

1	そうさ
2	きちょう
3	こうふん
4	かんけつ
5	もよう
6	えんそう
7	したが
8	せいじつ
9	きゅうさい
10	ふたん
11	かくだい
12	きたく
13	しせい
14	うやま
15	こと
16	きんりょく
17	そんちょう
18	しおかぜ
19	りんじ
20	わかば

(二)

1	え
2	エ
3	い
4	ケ
5	あ
6	イ
7	く
8	ア
9	お
10	カ

(三)

	何画目	総画数
1	3	10
2	2	10
3	5	10
4	1	18
5	8	14

(四)

1	預ける
2	届ける
3	認める
4	奮って
5	除いて

(五)

1	ア
2	エ
3	ウ
4	エ
5	ア
6	ウ
7	ウ
8	イ
9	イ
10	エ

(六)

1	乱
2	策
3	疑
4	射
5	宣
6	権
7	異
8	難
9	転
10	補

(七)

1	縮
2	宅
3	痛
4	段
5	吸
6	激
7	忠
8	善
9	寸
10	将

(八)

1	ウ	オ
2	ク	エ
3	カ	イ
4	コ	キ
5	ケ	ア

(九)

1	イ
2	イ
3	ア
4	ウ
5	エ
6	エ
7	ウ
8	ウ
9	イ
10	ア

(十)

1	厳
2	源
3	磁
4	児
5	簡
6	刊
7	誠
8	聖
9	降
10	構

(十一)

1	反射
2	看板
3	郵便
4	保存
5	優勝
6	服装
7	推理
8	窓
9	独奏
10	体操
11	警察
12	拝観
13	株
14	奮
15	映
16	乱
17	難
18	認
19	階段
20	棒

本書記載の情報は制作時点のものです。受検をお考えの方は、必ずご自身で下記の公益財団法人 日本漢字能力検定協会の発表する最新情報をご確認ください。

公益財団法人 日本漢字能力検定協会
【ホームページ】https://www.kanken.or.jp/
<本部> 京都市東山区祇園町南側 551 番地
TEL：(075)757－8600 FAX：(075)532－1110
<東京事務局> 東京都千代田区大手町 2-1-1 大手町野村ビル
TEL：(03)5205－0333 FAX：(03)5205－0331

◆「漢検」「漢字検定」は公益財団法人 日本漢字能力検定協会の登録商標です。

本書に関する正誤等の最新情報は、下記のアドレスでご確認ください。
http://www.seibidoshuppan.co.jp/info/hkanken5-2011

◉ 上記アドレスに掲載されていない箇所で、正誤についてお気づきの場合は、書名・質問事項・氏名・住所（またはFAX番号）を明記の上、**成美堂出版**まで**郵送**または**FAX**でお問い合わせください。**お電話でのお問い合わせはお受けできません。**
◉ 内容によってはご質問をいただいてから回答を発送するまでお時間をいただくこともございます。
◉ 本書の内容を超える質問等にはお答えできませんので、あらかじめご了承ください。

よくあるお問い合わせ

Q **持っている辞書に掲載されている部首と、本書に掲載されている部首が違いますが、どちらが正解でしょうか？**

A 辞書によっては、部首としているものが異なることがあります。**漢検の採点基準では、「漢検要覧 2～10 級対応 改訂版」（日本漢字能力検定協会発行）で示しているものを正解としています**ので、本書もこの基準に従っています。そのためお持ちの辞書と部首が異なることがあります。

■ 本文デザイン：HOPBOX（福井信明）
■ 本文イラスト：黒はむ
■ 編 集 協 力：knowm

頻出度順 漢字検定５級問題集

編　著　成美堂出版編集部
発行者　深見公子
発行所　成美堂出版
〒162-8445 東京都新宿区新小川町 1-7
電話(03)5206-8151 FAX(03)5206-8159
印　刷　大盛印刷株式会社

ISBN978-4-415-23206-5
落丁·乱丁などの不良本はお取り替えします
定価はカバーに表示してあります

頻出度順 漢字検定５級問題集 **別冊**

漢字検定 5級

合格ブック

暗記に役立つ！

成美堂出版

← 矢印の方向に引くと、取り外せます。

絶対覚える 5級配当漢字表 191字

5級の漢字検定では、この「5級配当漢字」が非常に重要です。「読み」や「画数」、「部首」の問題では、「5級配当漢字」が中心になります。（ ）がついた読みは4級以上の試験で出題されるものです。㊥は中学校で学習する読み、㊢は高等学校で学習する読みです。

（見本）

映　9　エ

［エイ］［うつす］［うつる］（はえる）㊥

日　ひへん

放映（ほうえい）・映像（えいぞう）　鏡（かがみ）に映（うつ）る

筆順：映映映映映映映

- **筆順** 一部省略しています
- 五十音順です
- **総画数**
- **漢字**
- **読み**
  カタカナは音読み
  ひらがなは訓読み
  黒字は送りがな
  （ ）㊢は高校で学習する読み
  （ ）㊥は中学校で学習する読み
- **部首と部首名**
- **用例**

胃　9　イ

［イ］

肉　にく

胃腸（いちょう）・胃弱（いじゃく）　胃（い）がん・胃（い）カメラ

筆順：胃胃胃胃胃胃胃胃胃

異　11

［イ］［こと］

田　た

異国（いこく）・異論（いろん）　異（こと）なる

筆順：異異異異異異異異

遺　15

［イ］（ユイ）㊥

辶　しんにょう・しんにゅう

遺産（いさん）・遺品（いひん）　遺志（いし）・遺伝（いでん）

筆順：遺遺遺遺遺遺遺遺

域　11

［イキ］

土　つちへん

海域（かいいき）・地域（ちいき）　流域（りゅういき）・区域（くいき）

筆順：域域域域域域域域

宇　6　ウ

［ウ］

宀　うかんむり

宇宙（うちゅう）・気宇（きう）

筆順：宇宇宇宇宇宇

映　9　エ

［エイ］［うつる］［うつす］（はえる）㊥

日　ひへん

放映（ほうえい）・映像（えいぞう）　鏡（かがみ）に映（うつ）る

筆順：映映映映映映映

延　8

［エン］［のびる］［のべる］［のばす］

廴　えんにょう

延期（えんき）・延長（えんちょう）　生（い）き延（の）びる

筆順：延延延延延延延

画数	漢字	読み	部首	用例
8	沿	[エン] [そう]	氵 さんずい	沿革(えんかく)・沿線(えんせん)、川沿い(かわぞい)
10	恩 [オ]	[オン]	心 こころ	恩師(おんし)・恩人(おんじん)、恩返し(おんがえし)
7	我 [カ]	(ガ)㊥ [われ] (わ)㊥	戈 ほこづくり・ほこがまえ	我先(われさき)・我々(われわれ)、我知らず(われしらず)
6	灰	(カイ)㊥ [はい]	火 ひ	灰色(はいいろ)・灰皿(はいざら)、火山灰(かざんばい)
8	拡	[カク]	扌 てへん	拡張(かくちょう)・拡大(かくだい)、拡散(かくさん)・拡声器(かくせいき)
9	革	[カク] (かわ)㊥	革 かくのかわ・つくりがわ	改革(かいかく)・革命(かくめい)、沿革(えんかく)・変革(へんかく)
14	閣	[カク]	門 もんがまえ	内閣(ないかく)・仏閣(ぶっかく)、天守閣(てんしゅかく)・閣議(かくぎ)
12	割	(カツ)㊥ [わる] [わり] [われる] (さく)㊥	刂 りっとう	割る(わる)・役割(やくわり)、割引(わりびき)・割合(わりあい)
10	株	[かぶ]	木 きへん	株式(かぶしき)・株価(かぶか)、株(かぶ)・株分け(かぶわけ)
3	干	[カン] [ほす] (ひる)㊥	干 かん・いちじゅう	干害(かんがい)・干天(かんてん)、物干し(ものほし)・干す(ほす)
9	巻	[カン] [まく] [まき]	㔾 わりふ・ふしづくり	巻末(かんまつ)・巻頭(かんとう)、巻く(まく)・巻物(まきもの)
9	看	[カン]	目 め	看板(かんばん)・看護師(かんごし)、看護(かんご)・看病(かんびょう)
18	簡	[カン]	⺮ たけかんむり	簡潔(かんけつ)・簡単(かんたん)、簡略(かんりゃく)・書簡(しょかん)
6	危 [キ]	[キ] [あぶない] (あやうい)㊥ (あやぶむ)㊥	㔾 わりふ・ふしづくり	危険(きけん)・危害(きがい)、危ない道(あぶないみち)
6	机	(キ)㊥ [つくえ]	木 きへん	机の上(つくえのうえ)、勉強机(べんきょうづくえ)

画数	漢字	読み	部首	用例
12	揮	［キ］	扌 てへん	指揮(しき)・発揮(はっき)・揮発(きはつ)・指揮者(しきしゃ)
12	貴	［キ］（たっとい）㊥（とうとい）㊥（たっとぶ）㊥（とうとぶ）㊥	貝 かい・こがい	貴社(きしゃ)・貴重(きちょう)・兄貴(あにき)
14	疑	［ギ］［うたがう］	疋 ひき	疑問(ぎもん)・質疑(しつぎ)・疑(うたが)わしい
6	吸	［キュウ］［すう］	口 くちへん	吸収(きゅうしゅう)・吸引(きゅういん)・吸(す)う・吸(す)い物(もの)
8	供	［キョウ］（ク）[高]［そなえる］［とも］	亻 にんべん	供給(きょうきゅう)・供(そな)え物(もの)・子供(こども)
10	胸	［キョウ］［むね］（むな）㊥	月 にくづき	胸囲(きょうい)・度胸(どきょう)・胸焼(むねや)け
11	郷	［キョウ］（ゴウ）㊥	阝 おおざと	郷土(きょうど)・郷里(きょうり)・故郷(こきょう)
12	勤	［キン］（ゴン）[高]［つとめる］［つとまる］	力 ちから	勤務(きんむ)・出勤(しゅっきん)・勤(つと)め先(さき)
12	筋	［キン］［すじ］	⺮ たけかんむり	筋肉(きんにく)・腹筋(ふっきん)・筋道(すじみち)・川筋(かわすじ)
7	系	［ケイ］	糸 いと	系統(けいとう)・太陽系(たいようけい)・系統図(けいとうず)
12	敬	［ケイ］［うやまう］	攵 のぶん・ぼくづくり	尊敬(そんけい)・敬語(けいご)・父(ちち)を敬(うやま)う
19	警	［ケイ］	言 げん	警察(けいさつ)・警報(けいほう)・警備(けいび)・警護(けいご)
15	劇	［ゲキ］	刂 りっとう	演劇(えんげき)・悲劇(ひげき)・歌劇(かげき)・寸劇(すんげき)
16	激	［ゲキ］［はげしい］	氵 さんずい	感激(かんげき)・激戦(げきせん)・激(はげ)しい雨(あめ)
5	穴	（ケツ）㊥［あな］	穴 あな	穴場(あなば)・巣穴(すあな)・節穴(ふしあな)・大穴(おおあな)

画数	漢字	読み	部首	用例	筆順
8	券	[ケン]	刀 かたな	旅券(りょけん)・定期券(ていきけん) 食券(しょっけん)・招待券(しょうたいけん)	券券券券券券券券
13	絹	(ケン)(高) [きぬ]	糸 いとへん	絹糸(きぬいと)・絹製品(きぬせいひん) 絹織物(きぬおりもの)	絹絹絹絹絹絹絹絹
15	権	[ケン] (ゴン)(高)	木 きへん	権利(けんり)・人権(じんけん) 実権(じっけん)・主権(しゅけん)	権権権権権権権権
16	憲	[ケン]	心 こころ	憲法(けんぽう)・立憲(りっけん) 憲章(けんしょう)・護憲(ごけん)	憲憲憲憲憲憲憲憲
13	源	[ゲン] [みなもと]	氵 さんずい	源泉(げんせん)・資源(しげん) 川(かわ)の源(みなもと)	源源源源源源源源
17	厳	[ゲン] (ゴン)(高) (おごそか)(中) [きびしい]	⺍ つかんむり	厳重(げんじゅう)・厳禁(げんきん) 厳(きび)しい目(め)	厳厳厳厳厳厳厳厳
3	己	[コ] (キ)(中) (おのれ)(中)	己 おのれ	自己(じこ)・利己(りこ)	己己己
8	呼	[コ] [よぶ]	口 くちへん	呼吸(こきゅう)・点呼(てんこ) 呼(よ)ぶ・呼(よ)び声(ごえ)	呼呼呼呼呼呼呼呼
14	誤	[ゴ] [あやまる]	言 ごんべん	誤解(ごかい)・誤字(ごじ) 見誤(みあやま)る	誤誤誤誤誤誤誤誤
6	后	[コウ]	口 くち	皇后(こうごう)・皇太后(こうたいごう)	后后后后后后
7	孝	[コウ]	子 こ	孝行(こうこう)・不孝(ふこう) 忠孝(ちゅうこう)	孝孝孝孝孝孝孝
9	皇	[コウ] [オウ]	白 しろ	皇居(こうきょ)・皇后(こうごう) 皇子(おうじ)・法皇(ほうおう)	皇皇皇皇皇皇皇
9	紅	[コウ] (ク)(中) [べに] (くれない)(中)	糸 いとへん	紅茶(こうちゃ)・紅潮(こうちょう) 紅色(べにいろ)・口紅(くちべに)	紅紅紅紅紅紅紅
10	降	[コウ] [おりる] [おろす] [ふる]	阝 こざとへん	降水(こうすい)・降(お)りる 降(ふ)る・雨降(あめふ)り	降降降降降降降
16	鋼	[コウ] (はがね)(中)	金 かねへん	鋼鉄(こうてつ)・鉄鋼(てっこう) 鋼板(こうはん)	鋼鋼鋼鋼鋼鋼鋼

漢字	画数	読み	部首	用例
刻	8	[コク] [きざむ]	刂 りっとう	定刻(ていこく)・深刻(しんこく) 刻(きざ)む・小刻(こきざ)み
穀	14	[コク]	禾 のぎへん	穀類(こくるい)・穀物(こくもつ) 米穀(べいこく)
骨	10	[コツ] [ほね]	骨 ほね	骨折(こっせつ)・鉄骨(てっこつ) 骨身(ほねみ)
困	7	[コン] [こまる]	囗 くにがまえ	困難(こんなん)・貧困(ひんこん) 困(こま)り切(き)る
砂 (サ)	9	[サ] (シャ)㊥ [すな]	石 いしへん	砂糖(さとう)・砂鉄(さてつ) 砂場(すなば)・砂山(すなやま)
座	10	[ザ] (すわる)㊥	广 まだれ	口座(こうざ)・座席(ざせき) 王座(おうざ)・星座(せいざ)
済	11	[サイ] [すむ] [すます]	氵 さんずい	経済(けいざい)・救済(きゅうさい) 食事(しょくじ)が済(す)む
裁	12	[サイ] (たつ)㊥ [さばく]	衣 ころも	裁判(さいばん)・裁断(さいだん) 罪(つみ)を裁(さば)く
策	12	[サク]	⺮ たけかんむり	対策(たいさく)・散策(さんさく) 政策(せいさく)・方策(ほうさく)
冊	5	[サツ] (サク)㊖	冂 どうがまえ・けいがまえ・まきがまえ	冊子(さっし)・一冊(いっさつ) 別冊(べっさつ)
蚕	10	[サン] [かいこ]	虫 むし	蚕業(さんぎょう)・養蚕(ようさん) 蚕(かいこ)を飼(か)う
至 (シ)	6	[シ] [いたる]	至 いたる	至上(しじょう)・至急(しきゅう) 死(し)に至(いた)る
私	7	[シ] [わたくし] [わたし]	禾 のぎへん	私用(しよう)・私服(しふく) 私(わたし/わたくし)
姿	9	[シ] [すがた]	女 おんな	姿勢(しせい) 姿見(すがたみ)・絵姿(えすがた)
視	11	[シ]	見 みる	視察(しさつ)・軽視(けいし) 視野(しや)・近視(きんし)

詞
12

[シ]

言 ごんべん

歌詞(かし)・作詞(さくし)
名詞(めいし)・動詞(どうし)

誌
14

[シ]

言 ごんべん

雑誌(ざっし)・日誌(にっし)
誌面(しめん)

磁
14

[ジ]

石 いしへん

磁石(じしゃく)・磁気(じき)
磁針(じしん)・電磁石(でんじしゃく)

射
10

[シャ]
[いる]

寸 すん

反射(はんしゃ)・注射(ちゅうしゃ)
矢(や)を射(い)る

捨
11

[シャ]
[すてる]

扌 てへん

取捨(しゅしゃ)・捨(す)て石(いし)
捨(す)て印(いん)

尺
4

[シャク]

尸 かばね・しかばね

尺八(しゃくはち)・縮尺(しゅくしゃく)
尺度(しゃくど)

若
8

[ジャク]㊥
[ニャク]㊫
[わかい]
[もしくは]㊫

艹 くさかんむり

若者(わかもの)・若葉(わかば)
若菜(わかな)・若(わか)い

樹
16

[ジュ]

木 きへん

樹液(じゅえき)・街路樹(がいろじゅ)
樹氷(じゅひょう)・落葉樹(らくようじゅ)

収
4

[シュウ]
[おさめる]
[おさまる]

又 また

収入(しゅうにゅう)・吸収(きゅうしゅう)
風(かぜ)が収(おさ)まる

宗
8

[シュウ]
[ソウ]㊥

宀 うかんむり

宗教(しゅうきょう)・宗派(しゅうは)
改宗(かいしゅう)

就
12

[シュウ]
[ジュ]㊫
[つく]㊥
[つける]㊥

尢 だいのまげあし

就任(しゅうにん)・就職(しゅうしょく)
就航(しゅうこう)・去就(きょしゅう)

衆
12

[シュウ]
[シュ]㊫

血 ち

民衆(みんしゅう)・観衆(かんしゅう)
公衆(こうしゅう)・衆議院(しゅうぎいん)

従
10

[ジュウ]
[ショウ]㊫
[ジュ]㊫
[したがう]
[したがえる]

彳 ぎょうにんべん

従事(じゅうじ)・従来(じゅうらい)
親(おや)に従(したが)う

縦
16

[ジュウ]
[たて]

糸 いとへん

操縦(そうじゅう)・縦走(じゅうそう)
縦笛(たてぶえ)・縦書(たてが)き

縮
17

[シュク]
[ちぢむ]
[ちぢまる]
[ちぢめる]
[ちぢれる]
[ちぢらす]

糸 いとへん

縮図(しゅくず)・短縮(たんしゅく)
縮(ちぢ)む・縮(ちぢ)まる

熟（15画）
[ジュク] (うれる)㊥
部首：灬 れんが・れっか
成熟(せいじゅく)・半熟(はんじゅく)　熟練(じゅくれん)・熟(じゅく)す

純（10画）
[ジュン]
部首：糸 いとへん
純金(じゅんきん)・純毛(じゅんもう)　単純(たんじゅん)・純白(じゅんぱく)

処（5画）
[ショ]
部首：几 つくえ
処理(しょり)・処分(しょぶん)　処置(しょち)・対処(たいしょ)

署（13画）
[ショ]
部首：罒 あみがしら・あみめ・よこめ
署名(しょめい)・署長(しょちょう)　部署(ぶしょ)

諸（15画）
[ショ]
部首：言 ごんべん
諸国(しょこく)・諸君(しょくん)　諸島(しょとう)

除（10画）
[ジョ] (ジ)㊥ [のぞく]
部首：阝 こざとへん
解除(かいじょ)・除幕(じょまく)　不安(ふあん)を除(のぞ)く

承（8画）
[ショウ] (うけたまわる)㊥
部首：手 て
承知(しょうち)・承服(しょうふく)　伝承(でんしょう)

将（10画）
[ショウ]
部首：寸 すん
将来(しょうらい)・武将(ぶしょう)　主将(しゅしょう)・将軍(しょうぐん)

傷（13画）
[ショウ] [きず] (いたむ)㊥ (いためる)㊥
部首：亻 にんべん
重傷(じゅうしょう)・負傷(ふしょう)　傷口(きずぐち)・傷(きず)つく

障（14画）
[ショウ] (さわる)(高)
部首：阝 こざとへん
故障(こしょう)・障害(しょうがい)　支障(ししょう)・障子(しょうじ)

蒸（13画）
[ジョウ] (むす)㊥ (むれる)㊥ (むらす)㊥
部首：艹 くさかんむり
蒸発(じょうはつ)・蒸気(じょうき)　水蒸気(すいじょうき)

針（10画）
[シン] [はり]
部首：金 かねへん
方針(ほうしん)・針葉樹(しんようじゅ)　針金(はりがね)

仁（4画）
[ジン] (ニ)㊥
部首：亻 にんべん
仁愛(じんあい)・仁義(じんぎ)　仁術(じんじゅつ)

ス

垂（8画）
[スイ] [たれる] [たらす]
部首：土 つち
垂直(すいちょく)・垂(た)れ目(め)　雨垂(あまだ)れ

推（11画）
[スイ] (おす)㊥
部首：扌 てへん
推理(すいり)・推定(すいてい)　推移(すいい)・推測(すいそく)

セ

寸
3画
[スン]
部首：寸　すん
寸前（すんぜん）・寸断（すんだん）
寸劇（すんげき）・原寸（げんすん）

盛
11画
(セイ)中
(ジョウ)高
[もる]
(さかる)中
(さかん)中
部首：皿　さら
山盛（やまも）り
目盛（めも）り

聖
13画
[セイ]
部首：耳　みみ
聖火（せいか）・神聖（しんせい）
聖歌隊（せいかたい）・聖書（せいしょ）

誠
13画
[セイ]
(まこと)中
部首：言　ごんべん
誠意（せいい）・誠実（せいじつ）
忠誠（ちゅうせい）

舌
6画
(ゼツ)中
[した]
部首：舌　した
舌先（したさき）・舌打（したう）ち
舌（した）つづみ

宣
9画
[セン]
部首：宀　うかんむり
宣言（せんげん）・宣伝（せんでん）
宣告（せんこく）

専
9画
[セン]
(もっぱら)中
部首：寸　すん
専用（せんよう）・専門（せんもん）
専念（せんねん）

泉
9画
[セン]
[いずみ]
部首：水　みず
温泉（おんせん）・源泉（げんせん）
泉（いずみ）がわく

洗
9画
[セン]
[あらう]
部首：氵　さんずい
洗車（せんしゃ）・水洗（すいせん）
皿洗（さらあら）い

染
9画
(セン)中
[そめる]
[そまる]
(しみる)高
(しみ)高
部首：木　き
染（そ）め物（もの）
悪（あく）に染（そ）まる

銭
14画
[セン]
(ぜに)中
部首：金　かねへん
銭湯（せんとう）・金銭（きんせん）・
つり銭（せん）

善
12画
[ゼン]
[よい]
部首：口　くち
親善（しんぜん）・改善（かいぜん）
善（よ）い政治（せいじ）

ソ

奏
9画
[ソウ]
(かなでる)高
部首：大　だい
演奏（えんそう）・独奏（どくそう）
合奏（がっそう）・演奏会（えんそうかい）

窓
11画
[ソウ]
[まど]
部首：穴　あなかんむり
車窓（しゃそう）・窓外（そうがい）
窓辺（まどべ）・窓口（まどぐち）

創
12画
[ソウ]
[つくる]
部首：刂　りっとう
創業（そうぎょう）・創立（そうりつ）
独創（どくそう）・創設（そうせつ）

装 12

[ソウ] [ショウ]中 (よそおう)高

衣 ころも

装置(そうち)・服装(ふくそう)
包装(ほうそう)・装備(そうび)

層 14

[ソウ]

尸 かばね・しかばね

高層(こうそう)・地層(ちそう)
断層(だんそう)・階層(かいそう)

操 16

[ソウ] (みさお)高 (あやつる)中

扌 てへん

操作(そうさ)・体操(たいそう)
情操(じょうそう)・操縦(そうじゅう)

蔵 15

[ゾウ] (くら)中

艹 くさかんむり

秘蔵(ひぞう)・土蔵(どぞう)
貯蔵(ちょぞう)・冷蔵(れいぞう)

臓 19

[ゾウ]

月 にくづき

臓器(ぞうき)・心臓(しんぞう)
内臓(ないぞう)

存 6

[ソン] [ゾン]

子 こ

存在(そんざい)・存分(ぞんぶん)
保存(ほぞん)

尊 12

[ソン] [たっとい] [とうとい] [たっとぶ] [とうとぶ]

寸 すん

尊敬(そんけい)・尊重(そんちょう)
尊い(たっとい／とうとい)命(いのち)

タ

退 9

[タイ] [しりぞく] [しりぞける]

辶 しんにょう・しんにゅう

後退(こうたい)・引退(いんたい)
地位(ちい)を退く(しりぞく)

宅 6

[タク]

宀 うかんむり

帰宅(きたく)・住宅(じゅうたく)
宅配(たくはい)・自宅(じたく)

担 8

[タン] (かつぐ)高 (になう)高

扌 てへん

担当(たんとう)・担任(たんにん)
負担(ふたん)

探 11

[タン] (さぐる)中 [さがす]

扌 てへん

探訪(たんぼう)・探検(たんけん)
家(いえ)を探す(さがす)

誕 15

[タン]

言 ごんべん

誕生(たんじょう)・生誕(せいたん)
降誕(こうたん)

段 9

[ダン]

殳 るまた・ほこづくり

階段(かいだん)・手段(しゅだん)
段落(だんらく)・石段(いしだん)

暖 13

[ダン] [あたたか] [あたたかい] [あたたまる] [あたためる]

日 ひへん

温暖(おんだん)・暖流(だんりゅう)
暖かい(あたたかい)気候(きこう)

チ

値 10

[チ] [ね] (あたい)中

亻 にんべん

価値(かち)・値段(ねだん)
値上がり(ねあがり)

宙 (8)
[チュウ]
宀 うかんむり
宙返り(ちゅうがえり)
宇宙(うちゅう)

忠 (8)
[チュウ]
心 こころ
忠実(ちゅうじつ)・忠言(ちゅうげん)
忠告(ちゅうこく)・忠義(ちゅうぎ)

著 (11)
[チョ]
(あらわす)㊥
(いちじるしい)㊥
艹 くさかんむり
著者(ちょしゃ)・著名(ちょめい)
名著(めいちょ)

庁 (5)
[チョウ]
广 まだれ
庁舎(ちょうしゃ)・官庁(かんちょう)
県庁(けんちょう)

頂 (11)
[チョウ]
[いただく]
[いただき]
頁 おおがい
頂上(ちょうじょう)・山(やま)の頂(いただき)
物(もの)を頂(いただ)く

腸 (13)
[チョウ]
月 にくづき
胃腸(いちょう)・小腸(しょうちょう)
大腸(だいちょう)

潮 (15)
[チョウ]
[しお]
氵 さんずい
満潮(まんちょう)・風潮(ふうちょう)
潮風(しおかぜ)・黒潮(くろしお)

賃 (13)
[チン]
貝 かい・こがい
賃金(ちんぎん)・賃貸(ちんたい)
運賃(うんちん)

ツ 痛 (12)
[ツウ]
[いたい]
[いたむ]
[いためる]
疒 やまいだれ
苦痛(くつう)・頭痛(ずつう)
痛(いた)む・痛手(いたで)

テ 敵 (15)
[テキ]
(かたき)㊥
攵 のぶん・ぼくづくり
敵意(てきい)・敵国(てきこく)
強敵(きょうてき)

展 (10)
[テン]
尸 かばね・しかばね
展開(てんかい)・個展(こてん)
展示(てんじ)・発展(はってん)

ト 討 (10)
[トウ]
(うつ)㊥
言 ごんべん
討議(とうぎ)・討論(とうろん)
検討(けんとう)

党 (10)
[トウ]
儿 ひとあし・にんにょう
政党(せいとう)・党首(とうしゅ)
悪党(あくとう)・党派(とうは)

糖 (16)
[トウ]
米 こめへん
糖分(とうぶん)・砂糖(さとう)
果糖(かとう)

届 (8)
[とどける]
[とどく]
尸 かばね・しかばね
届(とど)け出(で)
無届(むとど)け

見出し	漢字	画数	読み	部首	用例
ナ	難	18	[ナン] (かたい)(高) [むずかしい]	隹 ふるとり	難問(なんもん)・困難(こんなん) 難(むずか)しい問題(もんだい)
ニ	乳	8	[ニュウ] [ちち] (ち)(中)	し おつ	牛乳(ぎゅうにゅう)・乳歯(にゅうし) 乳(ちち)を飲(の)む
	認	14	(ニン)(中) [みとめる]	言 ごんべん	人格(じんかく)を認(みと)める 認(みと)め印(いん)
ノ	納	10	[ノウ] (ナッ・トウ)(中) (ナ・ナン)(高) [おさめる] [おさまる]	糸 いとへん	納入(のうにゅう)・納税(のうぜい) 仕事納(しごとおさ)め
	脳	11	[ノウ]	月 にくづき	首脳(しゅのう)・頭脳(ずのう) 脳波(のうは)・大脳(だいのう)
ハ	派	9	[ハ]	氵 さんずい	立派(りっぱ)・派手(はで) 特派員(とくはいん)・派生(はせい)
	拝	8	[ハイ] [おがむ]	扌 てへん	拝見(はいけん)・参拝(さんぱい) 神様(かみさま)を拝(おが)む
	背	9	[ハイ] [せ・せい] (そむく)(中) (そむける)(中)	肉 にく	背景(はいけい)・背泳(はいえい) 背中(せなか)・背負(せお)う
	肺	9	[ハイ]	月 にくづき	肺呼吸(はいこきゅう) 肺活量(はいかつりょう)・片肺(かたはい)
	俳	10	[ハイ]	イ にんべん	俳句(はいく)・俳優(はいゆう) 俳人(はいじん)
	班	10	[ハン]	王 おうへん・たまへん	班長(はんちょう)・班別(はんべつ) 各班(かくはん)
	晩	12	[バン]	日 ひへん	晩秋(ばんしゅう)・毎晩(まいばん) 今晩(こんばん)・晩春(ばんしゅん)
ヒ	否	7	[ヒ] (いな)(高)	口 くち	否決(ひけつ)・賛否(さんぴ) 否定(ひてい)・可否(かひ)
	批	7	[ヒ]	扌 てへん	批難(ひなん)・批評(ひひょう) 批判(ひはん)
	秘	10	[ヒ] (ひめる)(中)	禾 のぎへん	秘密(ひみつ)・秘蔵(ひぞう) 神秘(しんぴ)・秘境(ひきょう)

フ

俵 10

[ヒョウ] [たわら]

亻 にんべん

土俵（どひょう）・米俵（こめだわら）

炭俵（すみだわら）

俵俵俵俵俵俵俵俵俵俵

腹 13

[フク] [はら]

月 にくづき

満腹（まんぷく）・腹筋（ふっきん）

腹黒い（はらぐろい）

腹腹腹腹腹腹腹

奮 16

[フン] [ふるう]

大 だい

奮起（ふんき）・興奮（こうふん）

奮い立つ（ふるいたつ）

奮奮奮奮奮奮奮奮奮奮奮奮奮奮

ヘ

並 8

(ヘイ)㊥ [なみ] [ならべる] [ならぶ] [ならびに]

一 いち

並木（なみき）・山並み（やまなみ）

机を並べる（つくえをならべる）

並並並並並並並並

陛 10

[ヘイ]

阝 こざとへん

陛下（へいか）

天皇陛下（てんのうへいか）

陛陛陛陛陛陛陛陛陛陛

閉 11

[ヘイ] [とじる] (とざす)㊥ [しめる] [しまる]

門 もんがまえ

閉店（へいてん）・閉じる（とじる）

閉まる（しまる）

閉閉閉閉閉閉閉閉閉閉閉

片 4

(ヘン)㊥ [かた]

片 かた

片道（かたみち）・片方（かたほう）

片づける（かたづける）

片片片片

ホ

補 12

[ホ] [おぎなう]

衤 ころもへん

補欠（ほけつ）・候補（こうほ）

説明を補う（せつめいをおぎなう）

補補補補補補補補補補補補

暮 14

(ボ)㊥ [くれる] [くらす]

日 ひ

年の暮れ（としのくれ）

楽しく暮らす（たのしくくらす）

暮暮暮暮暮暮暮暮暮暮暮暮

宝 8

[ホウ] [たから]

宀 うかんむり

宝石（ほうせき）・国宝（こくほう）

宝物（たからもの）・宝船（たからぶね）

宝宝宝宝宝宝宝宝

訪 11

[ホウ] (おとずれる)㊥ [たずねる]

言 ごんべん

訪問（ほうもん）・歴訪（れきほう）

友を訪ねる（ともをたずねる）

訪訪訪訪訪訪訪訪訪訪訪

亡 3

[ボウ] (モウ)㊫ (ない)㊫

亠 なべぶたけいさんかんむり

亡命（ぼうめい）・亡夫（ぼうふ）

死亡（しぼう）

亡亡亡

忘 7

(ボウ)㊥ [わすれる]

心 こころ

忘れ物（わすれもの）

年忘れ（としわすれ）

忘忘忘忘忘忘忘

棒 12

[ボウ]

木 きへん

鉄棒（てつぼう）・相棒（あいぼう）

心棒（しんぼう）・棒読み（ぼうよみ）

棒棒棒棒棒棒棒棒棒棒棒棒

マ

枚 8

[マイ]

木 きへん

枚数（まいすう）・枚挙（まいきょ）

一枚（いちまい）

枚枚枚枚枚枚枚枚

見出し	漢字	画数	読み	部首	用例
マ	幕	13	[マク] [バク]	巾 はば	入幕(にゅうまく)・除幕(じょまく) 幕府(ばくふ)・閉幕(へいまく)
ミ	密	11	[ミツ]	宀 うかんむり	秘密(ひみつ)・密接(みっせつ) 精密(せいみつ)・密閉(みっぺい)
メ	盟	13	[メイ]	皿 さら	加盟(かめい)・連盟(れんめい) 盟友(めいゆう)・盟主(めいしゅ)
モ	模	14	[モ] [ボ]	木 きへん	模型(もけい)・模様(もよう) 規模(きぼ)
ヤ	訳	11	[ヤク] [わけ]	言 ごんべん	通訳(つうやく)・英訳(えいやく) 言い訳(いいわけ)
ユ	郵	11	[ユウ]	阝 おおざと	郵送(ゆうそう)・郵便(ゆうびん) 郵船(ゆうせん)
	優	17	[ユウ] (やさしい)中 (すぐれる)中	亻 にんべん	優先(ゆうせん)・優勝(ゆうしょう) 俳優(はいゆう)
ヨ	預	13	[ヨ] [あずける] [あずかる]	頁 おおがい	預貯金(よちょきん) 預かり証(あずかりしょう)
	幼	5	[ヨウ] [おさない]	幺 よう・いとがしら	幼児(ようじ)・幼虫(ようちゅう) 幼友達(おさなともだち)
	欲	11	[ヨク] (ほっする)高 (ほしい)中	欠 あくび・かける	食欲(しょくよく)・意欲(いよく) 無欲(むよく)
	翌	11	[ヨク]	羽 はね	翌日(よくじつ)・翌週(よくしゅう) 翌年(よくねん)
ラ	乱	7	[ラン] [みだれる] [みだす]	乚 おつ	混乱(こんらん)・乱雑(らんざつ) 列を乱す(れつをみだす)
	卵	7	(ラン)中 [たまご]	卩 わりふ・ふしづくり	卵焼き(たまごやき) 生卵(なまたまご)
	覧	17	[ラン]	見 みる	回覧(かいらん)・遊覧(ゆうらん) 観覧(かんらん)
リ	裏	13	(リ)中 [うら]	衣 ころも	裏庭(うらにわ)・裏側(うらがわ) 裏切る(うらぎる)

律	臨	朗	論
9	18	10	15
[リツ] (リチ)㊫	[リン] (のぞむ)㊥	[ロウ] (ほがらか)㊥	[ロン]
彳 ぎょうにんべん	臣 しん	月 つき	言 ごんべん
規律(きりつ)・一律(いちりつ) 法律(ほうりつ)	臨海(りんかい)・臨時(りんじ) 君臨(くんりん)	朗報(ろうほう)・朗読(ろうどく) 明朗(めいろう)	討論(とうろん)・議論(ぎろん) 理論(りろん)
律律律律律律律	臨臨臨臨臨臨臨	朗朗朗朗朗朗朗	論論論論論論論

資料1

重要な熟字訓・当て字

「読み」や「書き取り」などでは、熟字訓・当て字の問題もよく出題されます。

使い方▼赤シートをあてて、読みのテストをしましょう。

漢字	読み
明日	あす
大人	おとな
母さん	かあさん
河原・川原	かわら
昨日	きのう
今日	きょう
果物	くだもの
今朝	けさ
景色	けしき
今年	ことし
清水	しみず
上手	じょうず
七夕	たなばた
一日	ついたち
手伝う	てつだう
父さん	とうさん
時計	とけい
友達	ともだち
兄さん	にいさん
姉さん	ねえさん
博士	はかせ
二十日	はつか
一人	ひとり
二人	ふたり
二日	ふつか
下手	へた
部屋	へや
迷子	まいご
真面目	まじめ
真っ赤	まっか
真っ青	まっさお
眼鏡	めがね
八百屋	やおや

資料2

重要な 特別な読み

小学校で習う特別な音読み・訓読みを集めました。しっかり覚えておくようにしましょう。

使い方▼ 文章に赤シートをあてて、大きくなっている部分の漢字の読みを覚えましょう。

- ☐ 西から**雨雲**（あまぐも）が近づく。
- ☐ **何点**（なんてん）で合格かたずねる。
- ☐ 柱に**金具**（かなぐ）を取り付ける。
- ☐ アリが砂糖に**群**（むら）がる。
- ☐ 三**兄弟**（きょうだい）で写真をとる。
- ☐ 近くに**合戦**（かっせん）場跡（あと）がある。

- ☐ 試合は**再来週**（さらいしゅう）の予定だ。
- ☐ 旅行で**鹿児島**（かごしま）へ行く。
- ☐ 今月**七日**（なのか）が誕生日だ。
- ☐ 旅行で一週間**留守**（るす）にする。
- ☐ わが家は代々続く**酒屋**（さかや）だ。
- ☐ 厚めの**上着**（うわぎ）で出かける。

- ☐ **磁石**（じしゃく）で実験をする。
- ☐ **船旅**（ふなたび）にあこがれる。
- ☐ 父は一年**中**（じゅう）忙（いそが）しい。
- ☐ **天**（あま）の川を観察する。
- ☐ **大豆**（だいず）は畑の肉といわれる。
- ☐ **句読点**（くとうてん）の使い方を学ぶ。
- ☐ **絵馬**（えま）に願い事を書く。
- ☐ **白壁**（しらかべ）が美しい家に住む。
- ☐ 始業式は一月**八日**（ようか）だ。
- ☐ **風上**（かざかみ）からボールを投げる。

- ☐ 初夏の**木陰**（こかげ）はすずしい。
- ☐ **問屋**（とんや）で商品を仕入れる。
- ☐ 妹と**留守番**（るすばん）をする。
- ☐ 毎月**六日**（むいか）は特売日だ。

資料3

試験に出る 四字の熟語の問題

5級の試験では、四字の熟語の意味を問う問題は出題されませんが、意味がわかると四字の熟語の漢字も覚えやすくなります。

使い方▼四字の熟語に赤シートをあてて、漢字を書けるようにしましょう。

四字の熟語	意味
安全宣言（あんぜんせんげん）	あぶなくないと、世間に発表すること。
安全装置（あんぜんそうち）	危険が生じないように取り付けた装置。
安全保障（あんぜんほしょう）	外部からの攻撃（こうげき）や侵略（しん）に対して国家の安全を守ること。
異口同音（いくどうおん）	多くの人が、口をそろえて同じことを言うこと。
遺産相続（いさんそうぞく）	死んだあとに残された財産・権利・義務を受け継ぐこと。
意識改革（いしきかいかく）	個人の考え方や姿勢、心の持ちようを変えること。
一意専心（いちいせんしん）	わき目もふらずに一つのことに熱心になること。
胃腸障害（いちょうしょうがい）	胃と腸の具合が悪くなること。
一挙両得（いっきょりょうとく）	一つのことで同時に二つの利益を得ること。
一刻千金（いっこくせんきん）	時間がたいせつなことのたとえ。
一進一退（いっしんいったい）	進んだりあと戻りしたりすること。
一心不乱（いっしんふらん）	わき目もふらず一つのことに集中して、他のことに心を奪われないこと。
宇宙開発（うちゅうかいはつ）	宇宙空間を人類のために役立たせようとする活動。
宇宙空間（うちゅうくうかん）	地球やその他の天体に属さない空間領域。または、地球の大気圏よりも外に広がる空間領域のこと。
宇宙飛行（うちゅうひこう）	ロケットなどが宇宙で飛行すること。
宇宙遊泳（うちゅうゆうえい）	宇宙で宇宙飛行士が宇宙船外で行動すること。

☐ 宇宙旅行（うちゅうりょこう）
地球大気圏（けん）外のはてしなく広い空間へ旅をすること。

☐ 雨天順延（うてんじゅんえん）
雨のために、期日を順に先に延ばすこと。

☐ 永久磁石（えいきゅうじしゃく）
磁力をいつまでも持ち続けている磁石。

☐ 永久保存（えいきゅうほぞん）
末永く永遠に保存すること。

☐ 映像技術（えいぞうぎじゅつ）
映画やテレビの画面に映し出される画像技術のこと。

☐ 栄養補給（えいようほきゅう）
足りない栄養をおぎなうこと。

☐ 沿岸漁業（えんがんぎょぎょう）
海岸近くの海で行われる漁業。

☐ 応急処置（おうきゅうしょち）
急病人やけが人に、とりあえずその場でしておく処置。

☐ 円形劇場（えんけいげきじょう）
舞台を中央として、それを囲むように観客席を配した劇場。また、それを用いる上演形式。

☐ 温暖前線（おんだんぜんせん）
暖かい空気が冷たい空気を乗り上げて進むときにできる前線。

☐ 開会宣言（かいかいせんげん）
会を開くということを表明すること。

☐ 書留郵便（かきとめゆうびん）
記録にとって、まちがいなく届くようにした郵便。

☐ 学習意欲（がくしゅういよく）
進んでまなぼうとする気持ち。

☐ 拡張工事（かくちょうこうじ）
広げて大きくする工事。

☐ 加減乗除（かげんじょうじょ）
足し算、引き算、かけ算、わり算のこと。

☐ 片側通行（かたがわつうこう）
道路の右側・左側の一方のみの通行。

☐ 価値判断（かちはんだん）
ものごとの値うちを決めること。

☐ 学級日誌（がっきゅうにっし）
学級内の出来事や感想を書いておく日々の記録。

☐ 家庭訪問（かていほうもん）
学校の先生が、生徒の家庭を訪ねること。

☐ 株式会社（かぶしきがいしゃ）
多くの人が元手のお金を出し合い仕事をする会社。

☐ 完全無欠（かんぜんむけつ）
完全でまったく欠点がないこと。

☐ 器械体操（きかいたいそう）
とびばこ、鉄ぼうなどの器械を使って行う体操。

☐ 器楽演奏（きがくえんそう）
楽器のみを使う音楽を演奏すること。

器楽合奏（きがくがっそう）　楽器のみを使う音楽を合奏すること。

期間延長（きかんえんちょう）　ある特定の期日から期日までの間をのばすこと。

危急存亡（ききゅうそんぼう）　危険がせまり、生きるか死ぬかのせとぎわ。

危険信号（きけんしんごう）　あぶないことを知らせるための信号。

技術革新（ぎじゅつかくしん）　生産技術を大きく改めて新しくすること。

帰宅時間（きたくじかん）　家に帰ってくる時間。

規模拡大（きぼかくだい）　しくみの大きさなどを大きく広げること。

基本方針（きほんほうしん）　大もととなる目当て。

救急処置（きゅうきゅうしょち）　急な病人やけが人を救うためにとる手当て。

教育改革（きょういくかいかく）　教育に関する制度などを大きく変えること。

共存共栄（きょうそんきょうえい）　ともに助け合い、ともに栄えること。「共存」は「きょうぞん」ともよむ。

郷土芸能（きょうどげいのう）　その地方の感じがよく出ているおどりや音楽など。

郷土料理（きょうどりょうり）　地域固有の材料を使った特有の料理。

玉石混交（ぎょくせきこんこう）　よいものとわるいものがまじりあっていること。

記録映画（きろくえいが）　事実の記録にもとづいて作られた映画のこと。

議論百出（ぎろんひゃくしゅつ）　次々にいろいろな意見が出ること。

勤務時間（きんむじかん）　会社などで働く時間のこと。

空前絶後（くうぜんぜつご）　今までにも今後もないだろうと思われる、めずらしいこと。

景気対策（けいきたいさく）　世の中のお金の動きをよくするための対策。

月刊雑誌（げっかんざっし）　毎月一冊刊行される雑誌のこと。

厳正中立（げんせいちゅうりつ）　かたよらず中立の立場を守ること。

検討課題（けんとうかだい）　よく調べ考える問題。

公害対策（こうがいたいさく）　公害を防止するための対策。

工業地域（こうぎょうちいき）　景観的にも機能的にも工業の活動が集まる地域のこと。

- **公私混同**（こうしこんどう）: 仕事上のことと、個人的なことのけじめがないこと。
- **公衆衛生**（こうしゅうえいせい）: 地域、学校、職場などで、人びとの健康を守ること。
- **公衆電話**（こうしゅうでんわ）: 町かどにある、料金をはらえばだれでも使える電話。
- **公衆道徳**（こうしゅうどうとく）: おたがい迷（めい）わくをかけないために、守るべき事がら。
- **高層建築**（こうそうけんちく）: 階を重ねた高い建物。
- **高層住宅**（こうそうじゅうたく）: ある一定以上の高さをもった住宅のこと。
- **公平無私**（こうへいむし）: 公平で、判断に自分の感情などをまぜないこと。
- **国際親善**（こくさいしんぜん）: 国と国が仲よくすること。
- **穀倉地帯**（こくそうちたい）: 穀物がたくさんとれる地域。
- **国民主権**（こくみんしゅけん）: 主権が国民にあるということ。
- **穀物倉庫**（こくもつそうこ）: 米や麦などの穀物をしまっておく場所のこと。
- **言語道断**（ごんごどうだん）: 言葉も出ないほど、ひどいこと。
- **災害対策**（さいがいたいさく）: 災害予防や災害への対応をするための方法。
- **座席指定**（ざせきしてい）: 電車などにおいてあらかじめ座（すわ）る席を決めておくこと。
- **三権分立**（さんけんぶんりつ）: 立法・行政・司法の三つの権利を独立させる政治のしくみ。
- **酸素吸入**（さんそきゅうにゅう）: 呼吸が苦しいときなどに、酸素を吸わせること。
- **賛否両論**（さんぴりょうろん）: 賛成と反対の両方の意見があること。
- **自画自賛**（じがじさん）: 自分で自分のしたことをほめること。
- **時間延長**（じかんえんちょう）: 時間で区切られた長さや期間を延ばすこと。
- **時間厳守**（じかんげんしゅ）: 決められた時間をきびしく守ること。
- **自給自足**（じきゅうじそく）: 必要なものを自分で作り自分で使うこと。
- **自己主張**（じこしゅちょう）: 自分の意見をはっきり言うこと。
- **自己反省**（じこはんせい）: 自分自身の行動を振（ふ）り返ってそれでよいかと考えること。
- **自己負担**（じこふたん）: 自分自身で仕事を引き受けたりお金をはらうこと。

自己本位（じこほんい）
何事も自分を中心に考えたり行ったりすること。

自己満足（じこまんぞく）
自分の行いなどを、自分ひとりで満足すること。

四捨五入（ししゃごにゅう）
切り下げたり切り上げたりしておよその数にすること。

自然遺産（しぜんいさん）
世界遺産のうち、自然に関するもののこと。

質疑応答（しつぎおうとう）
質問とそれに対する答え。

失業対策（しつぎょうたいさく）
仕事を失った人たちを助けるために行われる事業のこと。

実験装置（じっけんそうち）
実験するために使う装置。

実力発揮（じつりょくはっき）
本当にもっている力を十分に表すこと。

児童憲章（じどうけんしょう）
すべての児童の幸福を守るためのきまり。

社会保障（しゃかいほしょう）
働く人が暮らしに困ったときに、国が世話すること。

衆議一決（しゅうぎいっけつ）
みんなで話し合い、意見が一つにまとまること。

集合時刻（しゅうごうじこく）
一つの場所に集まるために決めた時間。

集合住宅（しゅうごうじゅうたく）
一つの建物の中に複数の住居が含（ふく）まれる住宅のこと。

就職活動（しゅうしょくかつどう）
仕事を求めて活動すること。

住宅建設（じゅうたくけんせつ）
人が住むための家を新しくつくること。

主権在民（しゅけんざいみん）
国の主権が国民にあるということ。

首脳会議（しゅのうかいぎ）
組織などの中心に立つ人たちが参加する会議。

首脳会談（しゅのうかいだん）
国の最高責任者が他国の最高責任者と話し合いを行うこと。

消化吸収（しょうかきゅうしゅう）
食べ物を消化し、体に取り入れること。

蒸気機関（じょうききかん）
蒸気の力を利用して機械などを動かすしくみ。

条件反射（じょうけんはんしゃ）
ある条件を与（あた）えられると起こる反射運動のこと。

情報提供（じょうほうていきょう）
特許に係る制度。また、単に自分の持っている情報を他人の役に立てるよう差し出すこと。

除雪作業（じょせつさぎょう）
道や線路などに積もった雪を取りのぞくこと。

☐ 署名運動（しょめいうんどう）
署名を集め、意思決定に影響を与えようとすること。

☐ 署名活動（しょめいかつどう）
社会問題や政策に反対したり、法改正・制定を求めたりするときに、同意する人の名前を集めて、政府や企業などに提出する運動のこと。

☐ 私利私欲（しりしよく）
自分だけが得をしようと考える欲ばりな気持ち。

☐ 人員点呼（じんいんてんこ）
人の数がそろっているか名前を呼び調べること。

☐ 心機一転（しんきいってん）
あることをきっかけに気持ちがすっかり変わること。

☐ 人権尊重（じんけんそんちょう）
人が生まれながらにもっている権利を尊重すること。

☐ 人工呼吸（じんこうこきゅう）
呼吸ができない者に対して人の手によって肺に空気が入るよう導くこと。

☐ 人口密度（じんこうみつど）
面積一平方キロメートルあたりの人の数。

☐ 信号無視（しんごうむし）
信号機の信号どおりに通行しないこと。

☐ 針小棒大（しんしょうぼうだい）
針くらい小さいことを棒のように大きいことのように言うこと。

☐ 親善試合（しんぜんじあい）
友好を深めるために行う試合。

☐ 人体模型（じんたいもけい）
人の体の全部または一部を模した人形。骨格模型や筋肉解剖模型、人体解剖模型など多くの種類がある。

☐ 森林資源（しんりんしげん）
森や林にある物を作りだすもととなるもの。

☐ 水産資源（すいさんしげん）
海や湖、川などからとることができる魚や海草などのこと。

☐ 水分補給（すいぶんほきゅう）
体に必要な水分を摂取すること。

☐ 推理小説（すいりしょうせつ）
事件のなぞを推理する内容の小説。

☐ 政治改革（せいじかいかく）
政治のしくみを新しくかえること。

☐ 政治討論（せいじとうろん）
政治に関して意見をのべ合うこと。

☐ 聖人君子（せいじんくんし）
知識・人格ともすぐれたりっぱな人物。

☐ 生存競争（せいぞんきょうそう）
生物が生きていくためのあらそい。

☐ 政党政治（せいとうせいじ）
議席を多くとった政党が政権をとり運営する政治。

☐ 精密機械（せいみつきかい）
時計などの、くるいが少なく高級な機械。

精密検査（せいみつけんさ）	こまかいところまでくわしく調べること。
世界遺産（せかいいさん）	昔の人がのこした価値のある遺せき・景観・自然など。
絶体絶命（ぜったいぜつめい）	追いつめられて、とてものがれられないこと。
専業農家（せんぎょうのうか）	農業だけで生計を立てている農家。
専売特許（せんばいとっきょ）	その人だけがとくに得意としているやり方や技術。
専門学校（せんもんがっこう）	専門的な技術などを教える学校。
専門分野（せんもんぶんや）	学問や職業にもっぱら従事する分野のこと。
専門用語（せんもんようご）	限られた分野で使われる語句のこと。
臓器移植（ぞうきいしょく）	働きを失った臓器のかわりに、ほかの人から臓器を移植すること。
創作意欲（そうさくいよく）	新しいものをつくり出そうとすること。独創的にものをつくり出そうとする積極的な心の働き。
創立記念（そうりつきねん）	学校などが初めて設立されたことを思い出すための日時や行事。
速達郵便（そくたつゆうびん）	特別に速く届ける郵便。
大器晩成（たいきばんせい）	大きな器は完成まで時間がかかることから、すぐれた才能のある人は、年をとってからりっぱになるということ。
体操競技（たいそうきょうぎ）	体を合理的に動かすこと。運動において競いあうこと。
体操選手（たいそうせんしゅ）	体操競技をする人。また、その競技会・試合などに選ばれて出場する人。
大同小異（だいどうしょうい）	少しはちがっていても、だいたいは同じであること。
宅地造成（たくちぞうせい）	農地や山林を、住宅用に平らな土地にすること。
単純明快（たんじゅんめいかい）	わかりやすくはっきりしていること。
団体割引（だんたいわりびき）	一定の人数以上が集まれば料金を割り引くこと。
単刀直入（たんとうちょくにゅう）	前置きなく、いきなり大切な中心の話に入ること。
地域社会（ちいきしゃかい）	一定の地域に成立している人びとの集まり。

☐ **地下資源**（ちかしげん）
地下にある天然資源。

☐ **地方分権**（ちほうぶんけん）
政治を行うための権力を地方に分散させること。

☐ **直射日光**（ちょくしゃにっこう）
じかに照らす太陽の光。

☐ **通学区域**（つうがくくいき）
その学校に通う生徒の住む区域。

☐ **鉄道模型**（てつどうもけい）
列車や機関車などの形に似せてつくったもの。

☐ **天地創造**（てんちそうぞう）
神がいかに宇宙・万物（ばん）をつくったかをものがたる神話。

☐ **天然資源**（てんねんしげん）
自然にできるもので、人間生活に役立つもの。

☐ **天変地異**（てんぺんちい）
地しん、つなみ、こうずいなど、自然界の大きな異変。

☐ **同時通訳**（どうじつうやく）
話す人の話の進行と並んで、ほぼ同時に通訳すること。

☐ **党首討論**（とうしゅとうろん）
政党の党首どうしが討論すること。

☐ **独立宣言**（どくりつせんげん）
他者による支配から脱（だつ）したことを広く表明すること。

☐ **南極探検**（なんきょくたんけん）
南極へ行っていろいろと調べること。

☐ **人気絶頂**（にんきぜっちょう）
人気がもっともある状態。

☐ **人間国宝**（にんげんこくほう）
重要無形文化財の保持者として認定（にん）された人。

☐ **発車時刻**（はっしゃじこく）
電車やバスなどが出発する時間。

☐ **反射神経**（はんしゃしんけい）
なんらかの刺激（し）に対して瞬間（しゅん）的に反応する能力。

☐ **半信半疑**（はんしんはんぎ）
半分は信じ、半分は疑っていること。

☐ **非常階段**（ひじょうかいだん）
火事や地しんなどの非常時のひなんに使う階段。

☐ **秘密文書**（ひみつぶんしょ）
かくして人に知らせない文に書き表したもの。

☐ **複雑骨折**（ふくざつこっせつ）
体外に骨が出ている骨折。

☐ **負担軽減**（ふたんけいげん）
責任や仕事を減らすこと。

☐ **文化遺産**（ぶんかいさん）
昔の人がのこしたすぐれた文化。

☐ **平和共存**（へいわきょうぞん）
社会体制のちがう国も平和的に共存できるという考え。

☐ **平和宣言**（へいわせんげん）
平和のちかいを外部に表明すること。

方位磁針（ほういじしん）
方位を知るための道具。「方位磁石」や「コンパス」とも呼ばれる。

貿易収支（ぼうえきしゅうし）
輸出量と輸入量差額のこと。

防災対策（ぼうさいたいさく）
災害を防止するための対策。

暴風警報（ぼうふうけいほう）
激しい雨風がやってくるという知らせ。

補欠選挙（ほけつせんきょ）
議員に欠員が出た際に、それを補うために行われる選挙のこと。

補足説明（ほそくせつめい）
足りないところをつけ加えて説明すること。

保存状態（ほぞんじょうたい）
保たれた状態のある時点での様子。

保存容器（ほぞんようき）
そのままの状態を保つための容器。

水玉模様（みずたまもよう）
小さな丸い形をちらしたようなもよう。

無理難題（むりなんだい）
実現できないような無理な要求。

明朗快活（めいろうかいかつ）
明るく元気でほがらかな様子。

問題処理（もんだいしょり）
問題を片付けること。

優先座席
電車やバスなどに設置されている、高齢者や障害者・妊婦などへの着席を優先するシート（座席）。単に「優先席」ともいう。

優先順位（ゆうせんじゅんい）
いくつかの事がらのうち、どれを先にすべきかの順位。

郵便切手（ゆうびんきって）
手紙などを送る際に必要な、事前に料金の支払（はら）いを済ませたことを証明する紙のこと。

郵便配達（ゆうびんはいたつ）
手紙や小づつみなどを配り届けること。

郵便番号（ゆうびんばんごう）
郵便局で行われる手紙などの仕分けを効率的に行うための番号。

有名無実（ゆうめいむじつ）
評判ばかりで、中身がともなわないこと。

油断大敵（ゆだんたいてき）
気をゆるめると思いがけない失敗をするということ。

欲求不満（よっきゅうふまん）
欲求が満たされず、心が不安定な様子。

予防注射（よぼうちゅうしゃ）
伝染病にかからないように、予防液を注射すること。

世論調査（よろんちょうさ）
世間一般（ぱん）の人々の意見を調べること。「世論」は「せろん」とも読む。

臨機応変（りんきおうへん）
時と場合によって、いちばん合ったやり方をすること。

☐ 臨時休業(りんじきゅうぎょう)
定休日以外で、必要に応じて商売・仕事を休むこと。

☐ 臨時休校(りんじきゅうこう)
事前には決まっておらずその時の状況(じょうきょう)により突然(とつぜん)学校が休みになること。

☐ 臨時国会(りんじこっかい)
必要に応じて臨時に開かれる国会。

☐ 臨時収入(りんじしゅうにゅう)
決まったときではなくお金が入ること。

☐ 臨時列車(りんじれっしゃ)
必要に応じて通常の列車に加え臨時に運行する列車。

☐ 割引料金(わりびきりょうきん)
決まった金額よりも安くした値段。

資料4 よく出る 部首の問題

漢字検定5級では、漢字の部首と部首名が出題されます。両方をセットで覚えるようにしましょう。

使い方▼ 部首と部首名に赤シートをあてながらまとめて覚えていきましょう。

部首名	部首	漢字
りっとう	刂	創・劇・刻・割
さら	皿	盟・盛
ごんべん	言	誕・誌・認・誠
くさかんむり	艹	蒸・蔵・著・若
まだれ	广	座・庁
こころ	心	憲・忘・忠・恩

部首名	部首	漢字
かばね・しかばね	尸	層・届・展
にくづき	月	肺・臓・腸・腹
たけかんむり	⺮	簡・筋・策
ころも	衣	裁・裏・装
あみがしら・あみめ・よこめ	罒	署
うかんむり	宀	宗・宣・宇・宙
てへん	扌	担・推・探・拡

部首名	部首	漢字
おおざと	阝	郷・郵
れんが・れっか	灬	熟
こざとへん	阝	陛・除・障
くにがまえ	囗	困
あなかんむり	穴	窓
もんがまえ	門	閣
きへん	木	枚・模・机・樹
のぶん・ぼくづくり	攵	敬・敵
ちから	力	勤
かい・こがい	貝	賃・貴
き	木	染
いとへん	糸	縮・絹・紅

さんずい	氵	激・潮・済・洗
ほこづくり・ほこがまえ	戈	我
みみ	耳	聖
はば	巾	幕
やまいだれ	疒	痛
あくび・かける	欠	欲
どうがまえ・けいがまえ・まきがまえ	冂	冊
えんにょう	廴	延
こめへん	米	糖
みず	水	泉
つちへん	土	域

しんにょう・しんにゅう	辶	遺・退
ひ	日	暮
ひとあし・にんにょう	儿	党
みる	見	覧・視
むし	虫	蚕
ひへん	日	晩
いしへん	石	砂・磁
かねへん	金	鋼・銭
のぎへん	禾	穀・私
ひ	火	灰
おんな	女	姿
た	田	異

だい	大	奮
るまた・ほこづくり	殳	段
おおがい	頁	頂・預
こ	子	孝
ころもへん	衤	補
すん	寸	射
つかんむり	⺍	厳
なべぶた・けいさんかんむり	亠	亡
にんべん	亻	但・俵
ふるとり	隹	難
ぎょうにんべん	彳	従・律
かたな	刀	券

資料5

よく出る画数の問題

5級の試験では、書き順と総画数に関する問題が出題されます。正しい書き順と書き方を覚えれば、総画数は自然にわかるようになります。

使い方 ▼ 赤シートを少しずつ動かして確認しましょう。
＊のついた所は過去に出題されたことがあります。

漢字	総画数
我	7
閣	14
俳	10
染	9
陛	10
脳	11
郵	11
皇	9
蒸	13
将	10
冊	5
純	10

若	骨	系	郷	片	否	党	推
8	10	7	11	4	7	10	11

灰	延	班	誕	裁	権	訪	善
6	8	10	15	12	15	11	12

漢字	革	衆	聖	蔵	宙	訳	垂	装
画数	9	12	13	15	8	11	8	12

漢字	卵	覧	処	障	憲	誤	熟	宝
画数	7	17	5	14	16	14	15	8

臨	派	乳	詞	呼	胸	貴	遺
18	9	8	12	8	10	12	15

糖	奮	届	誠	盛	射	吸	看
16	16	8	13	11	10	6	9

巻	孝	済	存	認	並	裏	后
9	7	11	6	14	8	13	6

除	探	批	論	域	簡	危	源
10	11	7	15	11	18	6	13

資料6

よく出る 対義語の問題

対義語の組み合わせは一つではないので、熟語の意味も考えて覚えましょう。

使い方▼下の対義語の部分に赤シートをあてて、かくれた熟語を考えてみましょう。

- ☐ 通常（つうじょう）・☐ 定例（ていれい） ⇔ 臨時（りんじ）
- ☐ 公開（こうかい）・☐ 公然（こうぜん） ⇔ 秘密（ひみつ）
- ☐ 水平（すいへい） ⇔ 垂直（すいちょく）
- ☐ 実物（じつぶつ） ⇔ 模型（もけい）
- ☐ 安易（あんい）・☐ 容易（ようい） ⇔ 困難（こんなん）

- ☐ 寒冷（かんれい） ⇔ 温暖（おんだん）
- ☐ 義務（ぎむ） ⇔ 権利（けんり）
- ☐ 拡大（かくだい） ⇔ 縮小（しゅくしょう）
- ☐ 往復（おうふく） ⇔ 片道（かたみち）
- ☐ 出生（しゅっせい）・☐ 生存（せいぞん）・☐ 誕生（たんじょう） ⇔ 死亡（しぼう）
- ☐ 冷静（れいせい） ⇔ 興奮（こうふん）

- ☐ 快楽（かいらく） ⇔ 苦痛（くつう）
- ☐ 複雑（ふくざつ） ⇔ 単純（たんじゅん）
- ☐ 地味（じみ） ⇔ 派手（はで）
- ☐ 整理（せいり） ⇔ 散乱（さんらん）
- ☐ 応答（おうとう） ⇔ 質疑（しつぎ）
- ☐ 外出（がいしゅつ） ⇔ 帰宅（きたく）
- ☐ 延長（えんちょう） ⇔ 短縮（たんしゅく）
- ☐ 河口（かこう） ⇔ 水源（すいげん）
- ☐ 過去（かこ） ⇔ 将来（しょうらい）
- ☐ 友好（ゆうこう） ⇔ 敵対（てきたい）
- ☐ 悪意（あくい） ⇔ 善意（ぜんい）
- ☐ 登場（とうじょう）・☐ 入場（にゅうじょう） ⇔ 退場（たいじょう）

- ☐ 安全（あんぜん） ⇔ 危険（きけん）
- ☐ 複雑（ふくざつ） ⇔ 簡単（かんたん）
- ☐ 目的（もくてき） ⇔ 手段（しゅだん）
- ☐ 短縮（たんしゅく） ⇔ 延長（えんちょう）
- ☐ 横糸（よこいと） ⇔ 縦糸（たていと）
- ☐ 散在（さんざい） ⇔ 密集（みっしゅう）
- ☐ 支出（ししゅつ） ⇔ 収入（しゅうにゅう）
- ☐ 尊重（そんちょう） ⇔ 無視（むし）
- ☐ 発散（はっさん） ⇔ 吸収（きゅうしゅう）
- ☐ 借用（しゃくよう） ⇔ 返済（へんさい）
- ☐ 退職（たいしょく） ⇔ 就職（しゅうしょく）
- ☐ 横断（おうだん） ⇔ 縦断（じゅうだん）
- ☐ 可決（かけつ） ⇔ 否決（ひけつ）

資料7

よく出る類義語の問題

類義語の組み合わせは一つではないので、熟語の意味も考えて覚えましょう。

使い方 ▶ 下の類義語の部分に赤シートをあてて、かくれた熟語を考えてみましょう。

- □向上(こうじょう)・□進歩(しんぽ)・□発達(はったつ) ＝ 発展(はってん)
- □広告(こうこく) ＝ 宣伝(せんでん)
- □役者(やくしゃ) ＝ 俳優(はいゆう)
- □直前(ちょくぜん) ＝ 寸前(すんぜん)
- □死去(しきょ)・□他界(たかい) ＝ 死亡(しぼう)

- □方策(ほうさく)・□方法(ほうほう) ＝ 手段(しゅだん)
- □価格(かかく) ＝ 値段(ねだん)
- □始末(しまつ) ＝ 処理(しょり)
- □真心(まごころ) ＝ 誠意(せいい)
- □給料(きゅうりょう) ＝ 賃金(ちんぎん)
- □地区(ちく) ＝ 地域(ちいき)
- □快活(かいかつ) ＝ 明朗(めいろう)

- □後方(こうほう) ＝ 背後(はいご)
- □苦言(くげん)・□助言(じょげん) ＝ 忠告(ちゅうこく)
- □作者(さくしゃ)・□筆者(ひっしゃ) ＝ 著者(ちょしゃ)
- □有名(ゆうめい) ＝ 著名(ちょめい)
- □加入(かにゅう)・□入会(にゅうかい) ＝ 加盟(かめい)
- □自分(じぶん) ＝ 自己(じこ)
- □未来(みらい) ＝ 将来(しょうらい)
- □所得(しょとく) ＝ 収入(しゅうにゅう)
- □家屋(かおく)・□住居(じゅうきょ) ＝ 住宅(じゅうたく)

- □同意(どうい) ＝ 承知(しょうち)
- □反対(はんたい)・□不服(ふふく) ＝ 異議(いぎ)
- □保管(ほかん) ＝ 保存(ほぞん)
- □任務(にんむ)・□役目(やくめ) ＝ 役割(やくわり)
- □開演(かいえん) ＝ 開幕(かいまく)
- □感動(かんどう) ＝ 感激(かんげき)
- □指図(さしず) ＝ 指揮(しき)
- □大木(おおき) ＝ 大樹(たいじゅ)
- □出生(しゅっしょう) ＝ 誕生(たんじょう)
- □討議(とうぎ) ＝ 討論(とうろん)
- □大切(たいせつ) ＝ 貴重(きちょう)

資料8 よく出る

熟語の構成の問題

熟語の構成がどのようになっているか、見分け方のコツをつかみましょう。

使い方▼ 熟語の構成のしかたについて確認しましょう。赤シートをあてて読み方もチェックしてみましょう。

ア (反対または対応の意味を表す字を重ねたもの)でよく出題される熟語

上の字と下の字、それぞれの意味を考え、反対または対になる意味であればこの構成。

(例) 取(とる)⇔捨(すてる)

- ☐ 取捨(しゅしゃ)
- ☐ 公私(こうし)
- ☐ 干満(かんまん)
- ☐ 乗降(じょうこう)
- ☐ 縦横(じゅうおう)
- ☐ 善悪(ぜんあく)
- ☐ 紅白(こうはく)
- ☐ 難易(なんい)
- ☐ 寒暖(かんだん)
- ☐ 開閉(かいへい)
- ☐ 去来(きょらい)
- ☐ 得失(とくしつ)

イ (同じような意味の字を重ねたもの)でよく出題される熟語

上の字と下の字、それぞれの意味を考え、同じような意味であればこの構成。

(例) 勤(つとめる)＝務(つとめる)

- ☐ 収支(しゅうし)
- ☐ 問答(もんどう)
- ☐ 往復(おうふく)
- ☐ 朝晩(あさばん)
- ☐ 増減(ぞうげん)
- ☐ 可否(かひ)
- ☐ 損益(そんえき)
- ☐ 当落(とうらく)
- ☐ 勤務(きんむ)
- ☐ 映写(えいしゃ)
- ☐ 樹木(じゅもく)
- ☐ 除去(じょきょ)
- ☐ 困苦(こんく)
- ☐ 善良(ぜんりょう)
- ☐ 存在(そんざい)
- ☐ 尊敬(そんけい)
- ☐ 自己(じこ)
- ☐ 温暖(おんだん)
- ☐ 収納(しゅうのう)
- ☐ 価値(かち)
- ☐ 死亡(しぼう)
- ☐ 郷里(きょうり)
- ☐ 永久(えいきゅう)
- ☐ 豊富(ほうふ)
- ☐ 破損(はそん)
- ☐ 困難(こんなん)
- ☐ 肥満(ひまん)
- ☐ 停止(ていし)

ウ（上の字が下の字を修飾（しゅうしょく）しているもの）でよく出題される熟語

上の字から下の字に読むと意味がわかるものはこの構成。

（例）牛乳
牛の
乳

- 胃液（いえき）
- 牛乳（ぎゅうにゅう）
- 特権（とっけん）
- 絹糸（きぬいと）
- 歌詞（かし）
- 山頂（さんちょう）
- 恩人（おんじん）
- 翌週（よくしゅう）
- 短針（たんしん）
- 車窓（しゃそう）
- 古城（こじょう）
- 若者（わかもの）
- 異国（いこく）
- 胸囲（きょうい）
- 順延（じゅんえん）
- 軽傷（けいしょう）
- 敬意（けいい）
- 国宝（こくほう）
- 半熟（はんじゅく）
- 翌日（よくじつ）
- 灰色（はいいろ）
- 班長（はんちょう）
- 家賃（やちん）
- 私用（しよう）
- 潮風（しおかぜ）
- 水源（すいげん）
- 胸中（きょうちゅう）
- 食欲（しょくよく）

エ（下の字が上の字の目的語・補語になっているもの）でよく出題される熟語

下の字に「て・に・を・は」をつけ、下の字から上の字に読むことができればこの構成。

（例）養蚕
かいこ（を）
やしなう

- 養蚕（ようさん）
- 登頂（とうちょう）
- 観劇（かんげき）
- 立腹（りっぷく）
- 洗顔（せんがん）
- 洗面（せんめん）
- 負傷（ふしょう）
- 延期（えんき）
- 看病（かんびょう）
- 帰宅（きたく）
- 就職（しゅうしょく）
- 植樹（しょくじゅ）
- 敬老（けいろう）
- 築城（ちくじょう）
- 在宅（ざいたく）
- 除草（じょそう）
- 閉店（へいてん）
- 閉館（へいかん）
- 退席（たいせき）
- 納税（のうぜい）
- 降車（こうしゃ）
- 帰郷（ききょう）
- 除雪（じょせつ）
- 閉幕（へいまく）
- 洗車（せんしゃ）
- 退場（たいじょう）
- 就任（しゅうにん）
- 挙手（きょしゅ）

資料9

よく出る熟語作りの問題

二つの漢字を組み合わせて熟語を作る問題が出題されます。試験では漢字を選ぶ形式ですが、書けるようになるともっとよいでしょう。

使い方▼ それぞれの熟語の意味を確認し、赤シートでふりがなをかくして読み方も覚えましょう。

意味	熟語
一つの意見に対する反対の意見。	異（い）・議（ぎ）
財産。残された価値のあるもの。	遺（い）・産（さん）
楽器をかなでること。	演（えん）・奏（そう）
よりよいものにすること。	改（かい）・革（かく）
制度などをよりよくすること。	改（かい）・善（ぜん）
物事が始まること。	開（かい）・幕（まく）
順番にまわして読むこと。	回（かい）・覧（らん）
広げて大きくすること。	拡（かく）・張（ちょう）
物などのねうち。	価（か）・値（ち）
団体などに加入すること。	加（か）・盟（めい）
わかりやすく、はっきりしているさま。	簡（かん）・潔（けつ）
病人の手当をすること。	看（かん）・護（ご）
非常に大切にすること。	貴（き）・重（ちょう）
物事や仕組みなどの大きさ。	規（き）・模（ぼ）
本当かどうかあやしいこと。	疑（ぎ）・問（もん）
物などを吸いこむこと。	吸（きゅう）・引（いん）
苦しんでいる人を助けること。	救（きゅう）・済（さい）
吸い取ること。	吸（きゅう）・収（しゅう）
生まれ育った土地。	郷（きょう）・里（り）
一定の決まり。おきて。	規（き）・律（りつ）
仕事などをけんめいにはげむこと。	勤（きん）・勉（べん）
気をつけるように知らせること。	警（けい）・告（こく）
危険であることを知らせること。	警（けい）・報（ほう）
老人を敬うこと。	敬（けい）・老（ろう）

判断をまとめること。	結・論	けつ・ろん
不正を許さないこと。	厳・格	げん・かく
よく考えること。	検・討	けん・とう
基本のきまり。国の基本の法。	憲・法	けん・ぽう
気持ちが高ぶること。	興・奮	こう・ふん
まちがって理解すること。	誤・解	ご・かい
生まれ育った土地。	故・郷	こ・きょう
米や麦など人が主食とする作物のこと。	穀・物	こく・もつ
機械などが正しく動かなくなること。	故・障	こ・しょう
間違った情報。	誤・報	ご・ほう
整理がつかないほど入り乱れること。	混・乱	こん・らん
家にいること。	在・宅	ざい・たく
神社などにお参りすること。	参・拝	さん・ぱい
目で見えるはんい。	視・界	し・かい
人をまとめて指図すること。	指・揮	し・き
非常に急ぐこと。	至・急	し・きゅう
原料になるような、有用な物。	資・源	し・げん
仕事にとりかかること。	就・業	しゅう・ぎょう
人にさからわないこと。	従・順	じゅう・じゅん
職業につくこと。	就・職	しゅう・しょく
役目などにつくこと。	就・任	しゅう・にん
人や物を部屋などに入れること。	収・容	しゅう・よう
チームを指揮する人。キャプテン。	主・将	しゅ・しょう
あることを実現するための方法。	手・段	しゅ・だん
指導者。リーダー。	首・脳	しゅ・のう
立つこと。打ち立てること。	樹・立	じゅ・りつ
けがれがないこと。	純・真	じゅん・しん
液体が気化してなくなること。	蒸・発	じょう・はつ
未来。これから先。	将・来	しょう・らい
いらない物を取り去ること。	除・去	じょ・きょ
書類などに自分の名前を書くこと。	署・名	しょ・めい
物事を扱って始末すること。	処・理	しょ・り

進展	しんてん	物事が前に進むこと。
神秘	しんぴ	人間の知恵（ちえ）では計り知れない不思議なこと。
推察	すいさつ	思いやること。おしはかること。
推測	すいそく	おしはかること。予想すること。
推定	すいてい	おしはかって決めること。
推理	すいり	わかっていることをもとに見当をつけること。
寸前	すんぜん	直前。ほんの少し前の時間。
寸断	すんだん	ずたずたに切ること。
誠意	せいい	まごころ。
誠実	せいじつ	まごころを持っていること。
宣言	せんげん	外に向かって意見を表すこと。
宣告	せんこく	つげること。
専念	せんねん	一つのことに集中すること。
専用	せんよう	特定の人たちだけが使うこと。
操作	そうさ	機械などをあやつること。
創作	そうさく	新たに作り出すこと。
操縦	そうじゅう	飛行機や人などをあやつること。
創造	そうぞう	初めて作り出すこと。
創立	そうりつ	会社や学校などを作ること。
存続	そんぞく	存在しつづけること。
尊重	そんちょう	大切にすること。
大衆	たいしゅう	多くの人、一般の人。
単純	たんじゅん	簡単であること。
忠告	ちゅうこく	まごころをこめて欠点などをしてきすること。
忠実	ちゅうじつ	よくつかえること。
著者	ちょしゃ	本などを書いた人。
貯蔵	ちょぞう	たくわえておくこと。
著名	ちょめい	よく知られていること。
痛快	つうかい	非常に気持ちがよいこと。
提供	ていきょう	相手に差しだすこと。
展示	てんじ	一般の人に見せること。
討議	とうぎ	ある事について意見を言い合うこと。

同・窓	どう・そう	同じ学校や先生のもとで学んだこと。
登・頂	とう・ちょう	山の頂上にのぼること。
討・論	とう・ろん	ある事について議論すること。
度・胸	ど・きょう	おそれない心。気おくれしないこと。
独・創	どく・そう	自分自身の発想で作り出すこと。
発・揮	はっ・き	能力や才能をはたらかせること。
派・手	は・で	華やかで人目をひくこと。
反・射	はん・しゃ	光などが方向を変えること。
晩・年	ばん・ねん	歳をとってからの時期。
秘・蔵	ひ・ぞう	大切にかくしておくこと。
否・定	ひ・てい	打ち消すこと。
批・判	ひ・はん	考えて判定や評価をすること。
批・評	ひ・ひょう	物事を評価すること。
秘・密	ひ・みつ	人に知られないようにかくしておくこと。
負・傷	ふ・しょう	けがをすること。
負・担	ふ・たん	責任などを引き受けること。
奮・起	ふん・き	元気をふるい起こすこと。
奮・戦	ふん・せん	力いっぱい戦うこと。
分・担	ぶん・たん	仕事などを分けて行うこと。
返・済	へん・さい	借りたものを返すこと。
補・欠	ほ・けつ	足りなくなった場合の交替要員のこと。
訪・問	ほう・もん	人の家をおとずれること。
補・助	ほ・じょ	おぎなってたすけること。
補・足	ほ・そく	おぎなってたすこと。
保・存	ほ・ぞん	状態を保っておくこと。
未・熟	み・じゅく	まだ熟していないこと。
密・着	みっ・ちゃく	ぴったりくっついていること。
未・納	み・のう	まだ納めていないこと。
民・衆	みん・しゅう	一般の人たち。
欲・望	よく・ぼう	強く望むこと。
流・域	りゅう・いき	雨が川に集まる範囲のこと。
朗・報	ろう・ほう	よい知らせ。

資料 10

よく出る 音読み・訓読みの問題

ふりがなは、カタカナが音読み、ひらがなが訓読みです。

使い方▼ 熟語の構成のしかたについて確認しましょう。
さらに、赤シートをあてて読み方もチェックしてみましょう。

ア（音読みと音読みの組み合わせ）の熟語

- ☐ 温泉（オンセン）
- ☐ 宗教（シュウキョウ）
- ☐ 批評（ヒヒョウ）
- ☐ 沿岸（エンガン）
- ☐ 官庁（カンチョウ）
- ☐ 遺産（イサン）
- ☐ 憲法（ケンポウ）
- ☐ 創造（ソウゾウ）
- ☐ 回覧（カイラン）
- ☐ 看護（カンゴ）
- ☐ 磁石（ジシャク）
- ☐ 起源（キゲン）
- ☐ 探検（タンケン）
- ☐ 系統（ケイトウ）
- ☐ 貯蔵（チョゾウ）
- ☐ 諸国（ショコク）
- ☐ 誤答（ゴトウ）
- ☐ 蒸発（ジョウハツ）
- ☐ 納入（ノウニュウ）
- ☐ 政党（セイトウ）
- ☐ 疑問（ギモン）
- ☐ 明朗（メイロウ）
- ☐ 胸囲（キョウイ）
- ☐ 内閣（ナイカク）

イ（音読みと訓読みの組み合わせ）の熟語

- ☐ 派手（ハで）
- ☐ 番組（バンぐみ）
- ☐ 試合（シあい）
- ☐ 味方（ミかた）
- ☐ 格安（カクやす）
- ☐ 役割（ヤクわり）
- ☐ 台所（ダイどころ）
- ☐ 重箱（ジュウばこ）
- ☐ 新型（シンがた）
- ☐ 札束（サツたば）
- ☐ 残高（ザンだか）
- ☐ 新顔（シンがお）
- ☐ 職場（ショクば）
- ☐ 仕事（シごと）
- ☐ 茶柱（チャばしら）
- ☐ 団子（ダンご）
- ☐ 幕内（マクうち）
- ☐ 図星（ズぼし）
- ☐ 無口（ムくち）
- ☐ 軍手（グンて）
- ☐ 土手（ドて）
- ☐ 晩飯（バンめし）
- ☐ 番付（バンづけ）
- ☐ 王様（オウさま）
- ☐ 本筋（ホンすじ）
- ☐ 茶色（チャいろ）
- ☐ 絵巻（エまき）
- ☐ 駅前（エキまえ）
- ☐ 洋間（ヨウま）
- ☐ 両側（リョウがわ）
- ☐ 絵筆（エふで）
- ☐ 茶畑（チャばたけ）
- ☐ 客足（キャクあし）
- ☐ 総出（ソウで）
- ☐ 敵方（テキがた）
- ☐ 新芽（シンめ）

ウ（訓読みと訓読みの組み合わせ）の熟語

- 灰皿（はいざら）
- 米俵（こめだわら）
- 筋道（すじみち）
- 片道（かたみち）
- 節穴（ふしあな）
- 窓口（まどぐち）
- 傷口（きずぐち）
- 舌先（したさき）
- 針金（はりがね）
- 口紅（くちべに）
- 潮風（しおかぜ）
- 炭俵（すみだわら）
- 若者（わかもの）
- 針箱（はりばこ）
- 生傷（なまきず）
- 背骨（せぼね）
- 背中（せなか）
- 巻物（まきもの）
- 裏山（うらやま）
- 砂山（すなやま）
- 裏庭（うらにわ）
- 割引（わりびき）
- 骨身（ほねみ）
- 縦糸（たていと）
- 巻紙（まきがみ）
- 若葉（わかば）
- 砂場（すなば）
- 穴場（あなば）
- 道筋（みちすじ）
- 黒潮（くろしお）
- 筋金（すじがね）
- 縦笛（たてぶえ）
- 割合（わりあい）
- 並木（なみき）
- 仏様（ほとけさま）
- 生卵（なまたまご）

エ（訓読みと音読みの組み合わせ）の熟語

- 若気（わかゲ）
- 裏作（うらサク）
- 絹地（きぬジ）
- 道順（みちジュン）
- 砂地（すなジ）
- 裏地（うらジ）
- 絹製（きぬセイ）
- 湯気（ゆゲ）
- 手配（てハイ）
- 石段（いしダン）
- 布地（ぬのジ）
- 係長（かかりチョウ）
- 手順（てジュン）
- 布製（ぬのセイ）
- 係員（かかりイン）
- 手製（てセイ）
- 相棒（あいボウ）
- 夕刊（ゆうカン）
- 手帳（てチョウ）
- 組曲（くみキョク）
- 関所（せきショ）
- 株式（かぶシキ）
- 場所（ばショ）
- 値段（ねダン）
- 弱気（よわキ）
- 裏門（うらモン）
- 麦茶（むぎチャ）
- 株券（かぶケン）
- 家賃（やチン）
- 場面（ばメン）
- 親分（おやブン）
- 大判（おおバン）
- 荷物（にモツ）
- 合図（あいズ）
- 指図（さしズ）
- 船賃（ふなチン）

資料11

間違えやすい 書き取りの問題

書き取りの問題は数多く出題されます。試験では全部書けるように勉強しておきましょう。

使い方▼解答部分に赤シートをあてて、上の問題の漢字を覚えましょう。

問題	解答
牧場に牛がたくさん**イ**る。	居
矢で的を**イ**る。	射
鏡に姿を**ウツ**す。	映
机をとなりの部屋に**ウツ**す。	移
お手本をもとに字を**ウツ**す。	写
第三巻で**カンケツ**する。	完結

問題	解答
カンケツな文章を書く。	簡潔
早朝のランニングが**シュウカン**化する。	習慣
シュウカン誌を何冊かこう入する。	週刊
カンバンを設置する。	看板
父は役所の**チョウカン**になる。	長官
シュウカン天気予報を確かめる。	週間

問題	解答
キョウド料理を食べた。	郷土
布の**キョウド**を調べる。	強度
父は**キンゾク**三十年だ。	勤続
キンゾク部分がさびた。	金属
楽団を**シキ**する。	指揮
シキの変化を感じる。	四季
キチョウな体験ができた。	貴重
キチョウのアナウンスを聞く。	機長
ケイカンがパトロールする。	警官
窓からの**ケイカン**がすばらしい。	景観

オーケストラの演奏に**カンゲキ**した。	感激
友人とオペラを**カンゲキ**した。	観劇
ゲンキンで支払う。	現金
窓のあけっぱなしは**ゲンキン**だ。	厳禁
パンの**ゲンリョウ**は小麦粉だ。	原料
ゴミの**ゲンリョウ**に努める。	減量
鳥が地面に**コウカ**する。	降下
ダイエットの**コウカ**に期待する。	効果
コウカな時計を買う。	高価
隣国と**ユウコウ**関係を築く。	友好
台風で**テンコウ**が悪化した。	天候
休日に**コウエン**を散歩する。	公園
かまぼこは魚を**カコウ**したものだ。	加工
父の仕事の都合で**テンコウ**する。	転校
集合**ジコク**におくれる。	時刻
ジコクの利益を優先する。	自国
コクモツを収かくする。	穀物
ジコ責任で行う。	自己
ジコを目撃した。	事故
シンコキュウをしてリラックスする。	深呼吸
歴史に残る**タイサク**だ。	大作
災害時の**タイサク**を話し合う。	対策
シオをひとつまみ入れる。	塩
シオの流れを調べる。	潮
カンシュウはわき立った。	観衆
村に伝わる**カンシュウ**を重んじる。	慣習
兄は商社に**シュウショク**した。	就職
性格は兄弟で**タイショウ**的だ。	対照
今回の調査は**タイショウ**が広い。	対象
自分**ジシン**の問題だ。	自身

□ 方位ジシンで方角を調べる。 磁針
□ ジシンを持って取り組む。 自信
□ 目標に向かってゼンシンする。 前進
□ キンシなので眼鏡をかける。 近視
□ ここでの飲食はキンシだ。 禁止
□ 交通費がシキュウされる。 支給
□ シキュウ、体育館に集まれ。 至急
□ オンシを訪ねる。 恩師
□ 学級会のシカイをする。 司会
□ 新しい計画をスイシンする。 推進

□ 川のスイシンは1メートルだ。 水深
□ 用事がすぐにスむ。 済む
□ 都会の真ん中にスむ。 住む
□ セイカランナーが走る。 聖火
□ 作家のセイカを訪れる。 生家
□ セイカ市場を見学する。 青果
□ きれいにホウソウしてもらう。 包装
□ 海外ドラマがホウソウされる。 放送
□ 次のコウソウを練る。 構想
□ コウソウビルが建つ。 高層

□ 個展ではドクソウ的な作品が並ぶ。 独創
□ バイオリンをドクソウする。 独奏
□ ヨットが海をカイソウする。 快走
□ 父はナイゾウ脂肪が気になるようだ。 内臓
□ ハードディスクをナイゾウしている。 内蔵
□ 町の人口がゾウカする。 増加
□ 部屋にゾウカを飾る。 造花
□ 墓に花をソナえる。 供
□ まさかの時にソナえる。 備
□ 急なカイダンを上る。 階段

☐ 国のリーダーが**カイダン**する。	会談
☐ 地球**オンダンカ**は世界的問題だ。	温暖化
☐ 会社に**ツト**める。	勤
☐ 解決に**ツト**める。	努
☐ 主役を**ツト**める。	務
☐ 有名な絵画が**テンジ**された。	展示
☐ 目の不自由な人が**テンジ**を用いる。	点字
☐ **コテン**の文章は難しい。	古典
☐ 向きを百八十度**テンカイ**した。	転回
☐ **トウブン**のとりすぎはよくない。	糖分

☐ **セイトウ**が選挙運動をする。	政党
☐ 自転車のライトを**テントウ**する。	点灯
☐ **セイトウ**な理由を見つける。	正当
☐ ケーキを**トウブン**にわける。	等分
☐ **トウブン**の間安静にしていた。	当分
☐ やっと**セイトウ**が出た。	正答
☐ **テントウ**に商品を並べる。	店頭
☐ 母の買い物にお**トモ**する。	供
☐ 友人と**トモ**に前へ進む。	共
☐ 良い**トモ**に恵まれる。	友

☐ 野菜の**ネ**が上がる。	値
☐ 植物が**ネ**を張る。	根
☐ お寺の鐘の**ネ**が聞こえる。	音
☐ **ハラ**っぱで野球をする。	原
☐ **ハラ**の筋肉をきたえる。	腹
☐ 犯人が**シボウ**した。	死亡
☐ **シボウ**校に合格する。	志望
☐ **ユウリョウ**な商品を買う。	優良
☐ 入場は**ユウリョウ**だ。	有料
☐ 必要書類を**ユウソウ**する。	郵送

資料12

よく出る送りがなの問題

覚えにくいものもあるので、一つひとつの送りがなをしっかり覚えていきましょう。

使い方▼下の部分に赤シートをあてて、送りがなをチェックしてみましょう。

- ☐ おさない—幼い
- ☐ あぶない—危ない
- ☐ はげしい—激しい
- ☐ すてる—捨てる
- ☐ したがう—従う
- ☐ みだれる—乱れる
- ☐ おぎなう—補う
- ☐ きびしい—厳しい
- ☐ わすれる—忘れる

- ☐ むずかしい—難しい
- ☐ ならべる—並べる
- ☐ とじる—閉じる
- ☐ あずける—預ける
- ☐ われる—割れる
- ☐ きざむ—刻む
- ☐ うやまう—敬う
- ☐ さばく—裁く
- ☐ おがむ—拝む

- ☐ そなえる—供える
- ☐ うたがう—疑う
- ☐ そまる—染まる
- ☐ そめる—染める
- ☐ くれる—暮れる
- ☐ あらう—洗う
- ☐ とどける—届ける
- ☐ のぞく—除く
- ☐ たれる—垂れる
- ☐ こまる—困る
- ☐ いたい—痛い
- ☐ おさめる—納める
- ☐ ことなる—異なる
- ☐ みとめる—認める
- ☐ あやまる—誤る

- ☐ 済ます—済ます
- ☐ いたる—至る
- ☐ しりぞく—退く
- ☐ ちぢまる—縮まる
- ☐ ちぢめる—縮める
- ☐ たらす—垂らす
- ☐ ならぶ—並ぶ
- ☐ いたむ—痛む
- ☐ あずかる—預かる
- ☐ うつる—映る
- ☐ わかい—若い
- ☐ ちぢむ—縮む
- ☐ いただく—頂く
- ☐ のびる—延びる
- ☐ とどく—届く

都道府県名　一覧

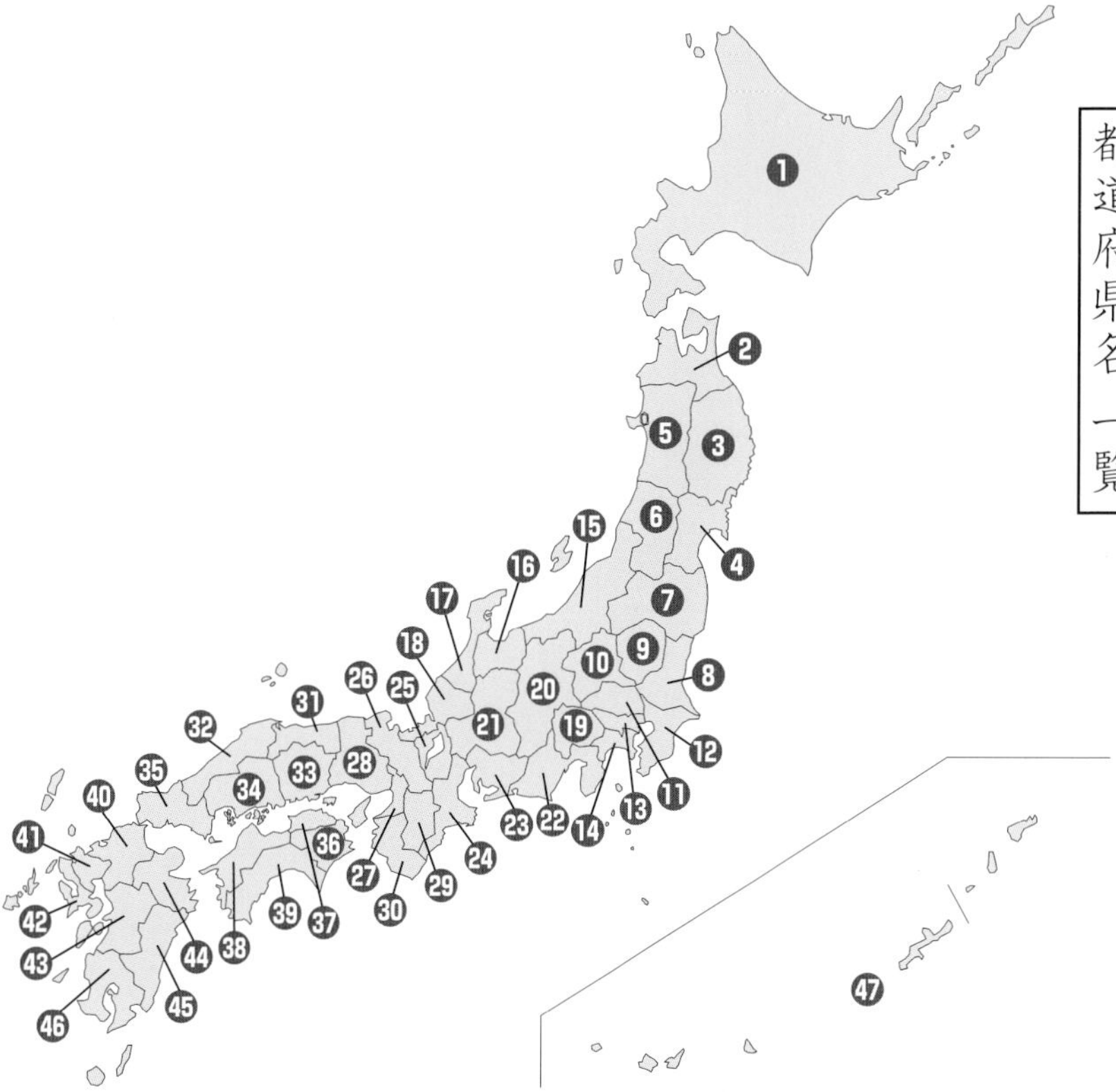

16	15	14	13	12	11	10	9	8	7	6	5	4	3	2	1
富山県（とやま）	新潟県（にいがた）	神奈川県（かながわ）	東京都（とうきょうと）	千葉県（ちば）	埼玉県（さいたま）	群馬県（ぐんま）	栃木県（とちぎ）	茨城県（いばらき）	福島県（ふくしま）	山形県（やまがた）	秋田県（あきた）	宮城県（みやぎ）	岩手県（いわて）	青森県（あおもり）	北海道（ほっかいどう）

32	31	30	29	28	27	26	25	24	23	22	21	20	19	18	17
島根県（しまね）	鳥取県（とっとり）	和歌山県（わかやま）	奈良県（なら）	兵庫県（ひょうご）	大阪府（おおさかふ）	京都府（きょうとふ）	滋賀県（しが）	三重県（みえ）	愛知県（あいち）	静岡県（しずおか）	岐阜県（ぎふ）	長野県（ながの）	山梨県（やまなし）	福井県（ふくい）	石川県（いしかわ）

47	46	45	44	43	42	41	40	39	38	37	36	35	34	33
沖縄県（おきなわ）	鹿児島県（かごしま）	宮崎県（みやざき）	大分県（おおいた）	熊本県（くまもと）	長崎県（ながさき）	佐賀県（さが）	福岡県（ふくおか）	高知県（こうち）	愛媛県（えひめ）	香川県（かがわ）	徳島県（とくしま）	山口県（やまぐち）	広島県（ひろしま）	岡山県（おかやま）

矢印の方向に引くと、取り外せます。→